IDENTIDADE
PERDIDA

ricardobarbosa

IDENTIDADE
PERDIDA

1ª edição

Curitiba/PR
2021

Ricardo Barbosa de Sousa
Identidade perdida
Transformado à imagem de Cristo

Coordenação editorial: Claudio Beckert Jr.
Revisão: Simony Ittner Westphal e Josiane Zanon Moreschi
Capa: Endrik Silva
Diagramação: Josiane Zanon Moreschi

Dados Internacionais de Catalogação na Publicação (CIP)
Câmara Brasileira do Livro, SP, Brasil

Sousa, Ricardo Barbosa de. Identidade perdida: transformado à imagem de Cristo / Ricardo Barbosa de Sousa. Curitiba : Editora Esperança, 2021.
160 p.
ISBN 978-65-87285-61-0
1. Deus.   2. Vida cristã   I. Título.

CDU 22.06

Catalogação na publicação: Leandro Augusto dos Santos Lima - CRB 10/1273

Salvo indicação, as citações bíblicas foram extraídas da Bíblia na versão Nova Almeida Atualizada
© Sociedade Bíblica do Brasil, 2017.

Todos os direitos reservados.
É proibida a reprodução total e parcial sem permissão escrita dos editores.

Editora Evangélica Esperança
Rua Aviador Vicente Wolski, 353 - CEP 82510-420

Curitiba - PR
Fone: (41) 3022-3390
comercial@editoraesperanca.com.br
www.editoraesperanca.com.br

SUMÁRIO

Dedicatória..7
Uma palavra do autor..11
Prefácio..17
1. O encolhimento da humanidade......................23
2. O encolhimento da cristandade.......................31
3. A natureza pessoal do cristianismo.................45
4. Criados à imagem e semelhança de Deus......51
5. A pessoalidade da fé e do ministério
   do apóstolo Paulo...57
6. A humanidade perfeita de Cristo....................87
7. A *Imago Dei* e o significado do pecado........111
8. A *Imago Dei* e o significado da comunhão...127
9. A centralidade de Cristo................................139

DEDICATÓRIA

Ao meu professor e amigo James M. Houston, que me abriu uma nova janela.

"Não basta abrir a janela
Para ver os campos e o rio.
Não é bastante não ser cego
Para ver as árvores e as flores.
É preciso também não ter filosofia nenhuma.
Com filosofia não há árvores: há ideias apenas.
Há só cada um de nós, como uma cave.
Há só uma janela fechada, e todo o mundo lá fora;
E um sonho do que se poderia ver se a janela se abrisse,
Que nunca é o que se vê quando se abre a janela."

Fernando Pessoa

UMA PALAVRA DO AUTOR

Há um tempo, conversando com uma dedicada e amorosa jovem mãe, ao perguntar pela sua profissão, com certa vergonha e em um tom de desculpa, ela me respondeu dizendo que era apenas uma mãe e dona de casa. Era como se me dissesse que não era ninguém. Como a identidade da pessoa na cultura moderna está atrelada a uma profissão e a uma carreira, ser simplesmente uma boa mãe e dedicada dona de casa a torna um "ninguém".

Ouço, quase diariamente, jovens afirmarem, como em um coro universal, que não sobrevivem sem seu celular. Se não estiverem conectados, se não participarem das redes sociais, não são nada, não existem. Em um mundo tecnológico, competitivo e consumista, a identidade da pessoa torna-se cada vez mais confusa e exigente.

Se o velho adágio da modernidade foi "penso, logo existo", hoje, o adágio pós-moderno afirma: "se estou conectado, se sou visto e notado, se tenho uma profissão e um bom salário, então existo". Ao lado das inúmeras exigências e expectativas sociais, cresce a busca por afirmação. No entanto, quanto mais nos entregamos a esta busca, maior a ansiedade e a insegurança. A necessidade de provar quem somos nos torna autodestrutivos.

A frustração e a sensação de vazio aumentam e, no mesmo ritmo, aumentam o consumo de antidepressivos, a procura por terapias de todos os tipos, o surgimento dos "gurus" da autoajuda e da indústria do entretenimento. Tudo para preencher o vazio, sempre crescente, na alma humana.

Somos responsáveis pela fabricação de nossa própria realidade. Isso significa que somos criadores da nossa identidade. A pressão pela eficiência — na profissão, esporte, sexo, beleza, diversão — intensifica a ansiedade, aumenta o vazio e nos torna mais inseguros. Os 30 bilhões de dólares da oitava pessoa mais rica do mundo não são suficientes; é preciso ser o primeiro do mundo. A insatisfação é crônica. Tudo é pouco. Tornamo-nos escravos de nós mesmos.

O que, afinal de contas, torna o ser humano, humano? O que é necessário para encontrar sentido e significado para nossa curta e, muitas vezes, sofrida existência? Uma boa profissão? Um corpo invejável? Dinheiro suficiente para atender a todas as vontades? Uma boa família? Saúde? Seria uma pretensão tola querer responder a uma pergunta tão complexa em um pequeno livro. Minha pretensão é bem modesta. Quero refletir sobre este tema a partir de uma preocupação pastoral e não filosófica.

Somos seres criados, não autogerados. Nossa identidade nos foi dada na criação — *Façamos o ser humano à nossa imagem, conforme a nossa semelhança* (Gn 1.26). Não somos fabricantes da nossa realidade, nem da nossa identidade. Se desejamos uma identidade verdadeiramente humana, precisamos nos voltar para Cristo. Ele é o verdadeiro "Ser Humano". A única pessoa verdadeiramente real.

Este livro começou a ser escrito há vários anos. Ele nasceu após uma conversa que tive com meu professor e amigo Dr. James Houston, sobre a declaração do apóstolo Paulo aos cristãos de Corinto: *Sejam meus imitadores, como também eu sou imitador de Cristo.* (1Co 11.1). Tanto para Paulo, quanto para outros escritores do Novo Testamento, e para os cristãos ao longo da história, a imitação de Cristo sempre foi um tema central para a espiritualidade cristã e identidade humana.

Por que para Paulo era importante "imitar" Cristo e não somente crer nele? A identidade humana não reside naquilo que faço, nem mesmo naquilo que penso. O pragmatismo inverte a ordem da criação, dando ao ser humano a falsa sensação de ser ele o fabricante da realidade. O racionalismo transformou a fé cristã em um conjunto de dogmas e doutrinas. Para ser cristão, basta crer nas doutrinas corretas, conhecer os dogmas e professá-los em uma declaração pessoal e pública da fé. É claro que nossas ações são importantes. Sabemos que a confissão de fé é fundamental. Crer nas doutrinas corretas, é imprescindível. No entanto, apenas isso não nos torna verdadeiramente humanos.

O chamado para ser discípulo de Cristo — usando uma afirmação insistente do Dr. Houston — é um chamado para sermos transformados de indivíduos a pessoas em Cristo. O indivíduo é o ser fechado em si mesmo, inseguro, que insiste em fabricar sua própria realidade. A pessoa é o ser liberto de si e entregue ao outro. A identidade da pessoa não reside na autoconsciência, mas na consciência que temos do outro. Sobretudo, na consciência que temos de Cristo — "Cristo em vós, a esperança da glória".

A identidade é algo que nos é dado. Ao nascer, recebemos um nome e sobrenome; uma família e um lugar para crescer. Sentimo-nos seguros e amados, sabemos quem somos. No entanto, à medida que crescemos, somos levados a imaginar que a identidade é algo a ser conquistado. Rompemos com o passado, perdemos a consciência de criaturas, e, em vez de olhar para fora, nós nos fechamos em um mundo pequeno e sombrio.

Reconhecendo o dilema do vazio da alma, surgem os "profissionais" que prometem ajudá-lo a encontrar sua verdadeira identidade dentro de você. É preciso garimpar, no universo abstrato do "eu" solitário e inseguro, algo que dê sentido e segurança. Na tentativa de entrar no universo subjetivo dos sonhos e desejos, o ser humano é levado a negar sua lealdade para com o outro, porque afinal, a única lealdade que se requer é ser leal com seus próprios sentimentos.

O velho aforismo grego "conhece-te a ti mesmo" é limitado e impreciso. Precisamos de algo externo a nós que nos leve a nos conhecermos. Precisamos olhar para Cristo, verdadeiro Homem, para conhecer o que significa ser verdadeiramente humano. Não existe autoconhecimento sem o conhecimento de Deus revelado em Cristo.

"Fomos carimbados por Deus,
somos moedas extraviadas do seu tesouro.
Por nosso erro, foi apagado o que em nós fora impresso.
Veio aquele que restituiria a imagem,
já que ele próprio a tinha criado.
Ele também busca a sua moeda,
assim como César busca a dele. Por isso diz:
'Devolvei a César o que é de César, e a Deus o que é de Deus'.
A César, as moedas. A Deus, a vós mesmos."

Agostinho

PREFÁCIO

Este livro é uma admirável combinação de profundidade espiritual, conhecimento bíblico e sentido pastoral orientado à prática do discipulado cristão. Por meio da exortação do apóstolo Paulo, repetida várias vezes e de diferentes maneiras em suas epístolas, *Sejam meus imitadores, como também eu sou imitador de Cristo*, o autor conduz seus leitores ao caminho de reflexão com base em uma espiritualidade centrada em Cristo, a imagem perfeita de Deus.

O primeiro capítulo descreve a humanidade em tempos pós-modernos, caracterizada pela perda de valores tradicionais. Entretanto, considera-se que ainda existam valores necessários para a convivência humana, tais como os contidos na Declaração Universal dos Direitos Humanos. No entanto, o que rege a sociedade contemporânea é o egoísmo e a indiferença. O que se prega é a liberdade, mas somos escravos de um sistema dominado pelo consumismo e pelo hedonismo. A civilização, cujo elevado desenvolvimento tecnológico se reflete na televisão, na internet e nos telefones celulares é uma civilização mergulhada em uma profunda crise, que se manifesta em condições de tédio e ansiedade. Hoje, o que temos é uma sociedade neurótica composta por indivíduos ansiosos, com expectativas irreais. Uma sociedade medíocre, na qual cresce o abismo entre ricos e pobres. Uma sociedade em declínio.

Por vezes, os profetas do Antigo Testamento dirigiam suas queixas às nações pagãs. No entanto, não restringiam suas profecias àquelas nações. Pelo contrário, vez ou outra condenavam a idolatria do povo de Israel, estreitamente vinculada com a injustiça, chamando-o ao arrependimento. Barbosa segue um caminho semelhante ao dos profetas do Antigo Testamento. Já no primeiro capítulo, refere-se ao condicionamento da igreja à cultura pós-moderna, mas no segundo capítulo denuncia os efeitos perniciosos dessa cultura no cristianismo. Ele argumenta que muitos cristãos se contentam em ser *crentes*, mas que infelizmente não sabem o que significa ser discípulos de Jesus Cristo. Muitas igrejas especializam-se em entretenimento religioso e professam uma fé racional (eu diria doutrinária), que vai além do comum e normal, institucional e funcional. São como a igreja de Laodiceia: rica, mas que não tem conhecimento do que lhe falta. Assim como a sociedade que as rodeia, que homenageia a tecnologia e o pragmatismo, mas que é desprovida de Cristo. Consequentemente, esquecem-se da centralidade do amor a Deus e ao próximo na vida cristã e vivem uma ilusão.

Ao contrário do cristianismo descrito no segundo capítulo — um cristianismo que se encaixa nos parâmetros derivados de cultura pós-moderna — os capítulos seguintes descrevem passo a passo a alternativa baseada em Jesus Cristo. Para começar, no terceiro capítulo o autor explica que o chamado a que devemos responder é um chamado pessoal a seguir Jesus, o Messias. Não basta apenas o consentimento intelectual às doutrinas cristãs: envolve um compromisso com um estilo de vida contracultural, ao qual se refere o Sermão do Monte. Sendo criados à imagem e semelhança de Deus (Gn 1.26s) — argumenta Barbosa no quarto capítulo — estamos marcados pela queda do "primeiro Adão", que tentou ser Deus, e não apenas a imagem de Deus. Através de Jesus Cristo, o "novo Adão" — a imagem do Deus invisível, o modelo perfeito para o qual somos chamados a ser — Deus quer restaurar seu propósito original e "criar para si um povo que seja o fruto da sua nova criação". Seguir a Jesus é estar inserido nesse propósito para ser transformado à sua imagem.

A exortação para seguir essa transformação procede do apóstolo Paulo, cuja fé e ministério são o tema do capítulo cinco. Esse grande teólogo da igreja, diz o autor, foi capaz de integrar a teologia com a vida fazendo do *"ser como Cristo"* o propósito da vida não só para si mesmo, mas para todos os crentes a quem ele ministrava. Seu convite: *Sejam meus imitadores, como também eu sou imitador de Cristo*, que aparece em várias de suas cartas (cfe. 1Co 4.16, 11.1; Fp 3.17, 4.9; 1Ts 1.6; 2Ts 3.7), é um deleite para imitar a sua vida em Cristo, para seguir o caminho do discipulado e, portanto, ser transformado à imagem e semelhança de Cristo. É, em suma, um convite para ser como Cristo. Isso contrasta com a nossa tendência para o ativismo, a busca de habilitações acadêmicas, o racionalismo que reduz a fé a convicções cristãs e que não tem a dinâmica pessoal que marcou a vida do apóstolo. A pergunta-chave que devemos fazer diante dessa tendência é: A quem estamos imitando se não a Cristo?

Se não o imitamos — "a imagem do Deus invisível" — então somos idólatras: já que sempre refletimos o que amamos, em vez de refletir Cristo, estaremos refletindo nossas ideias ou ideologias, modelos, estruturas, projetos e programas. Fazemos do cristianismo uma religião impessoal, consumista e narcisista. Uma religião em sintonia com os valores da sociedade que nos envolve, dominada pelo "deus deste mundo" e pelas consequências da perda da imagem de Deus, que se expressa em termos de relações humanas disfuncionais.

"Se Paulo convida os crentes a serem como Cristo, faz sentido refletir sobre a humanidade perfeita daquele a quem somos chamados a imitar." A essa consideração Barbosa dedica o sexto capítulo. Na pessoa de Cristo, tornou-se encarnado o propósito de Deus para sua criação, e nele somos feitos "participantes da natureza divina". Na medida em que somos semelhantes a Cristo, somos verdadeiramente humanos: parece que amando e servindo fizemos o caminho inverso de Adão e, assim, abrimos o trajeto para a libertação de toda a criação. Em Cristo, Deus nos faz assentar nos lugares celestiais por meio da ação do Espírito. Sendo ressuscitados com Cristo, vivemos em uma nova realidade: a nova criação. A partir dessa perspectiva, podemos dizer: "Não imitem a mim, porque eu sou falho; imitem a Cristo, que é perfeito". O que isso expressa, diz o autor, é um cristianismo secularizado: temos convicções corretas, mas não as vivemos. "Precisamos de uma doutrina encarnada, uma verdade transformadora, uma vida moldada e sustentada pelo fundamento que é Cristo."

O sétimo capítulo aborda a questão da imagem de Deus e do significado do pecado. Para Nietzsche, o niilismo é a "doença do século" e atinge o seu ápice com a morte de Deus. Deus é substituído pela ciência, seus mandamentos são substituídos pela idealização do prazer ilimitado. Em outras palavras, Deus torna-se desnecessário, e quando ele desaparece, também desaparecem os valores absolutos. Condicionados por essa maneira de pensar, os cristãos muitas vezes dependem mais da ciência e da tecnologia do que de Deus. Tornamo-nos assim crentes ateus, para os quais a espiritualidade é uma busca da autorrealização. Dessa forma a secularização avança. Deus é excluído da esfera pública e confinado à vida privada. O conceito do pecado desaparece, não apenas na sociedade, mas também na igreja, especialmente dentro da nova geração. A igreja precisa urgentemente recuperar o conceito do pecado, não em termos legais ou morais, mas dentro de uma perspectiva teológica e espiritual: pecado é tudo aquilo que distorce a imagem de Deus no ser humano e impede que a humanidade de Cristo manifeste-se no estilo da vida, na conduta cotidiana.

Deve-se notar que a imagem de Deus não se relaciona somente com a vida pessoal, mas também com a vida comunitária, e a essa consideração o autor dedica o capítulo oitavo. Influenciados pelo ambiente narcisista que nos rodeia, corremos o risco de nos comprometermos com algum projeto religioso impessoal, mas não com o caráter de Cristo e a sua expressão nas relações interpessoais. Nesse ambiente, as tensões crescem, porque cada indivíduo vê o mundo a partir da perspectiva de uma cosmovisão egocêntrica e fechada. Os líderes da igreja buscam resultados pragmáticos por meio de uma linha de produção de programas, cura e libertação em vez de darem importância às relações com os demais e com a vida que a comunidade requer. Nosso chamado como seguidores de Cristo é um chamado a participar da vida em Cristo, em comunhão mútua. Nesse sentido, o apóstolo Paulo também oferece um modelo digno de imitação: entregue-se aos crentes, porque a sua espiritualidade é tanto pessoal quanto comunitária. Ele sabe que conhecer o outro é relacionar-se com ele e esforça-se para fazer com que os crentes avancem juntos em direção à meta que é Cristo.

O nono e último capítulo dá o toque final ao livro, porque articula a premissa fundamental desta rica reflexão de teologia espiritual e prática: a centralidade de Cristo. A síntese de tudo isso é que o propósito de Deus para a vida humana é que sejamos como Cristo, e a isso aponta a espiritualidade cristã. Muitos líderes estão preocupados com o crescimento numérico de suas igrejas e para isso recorrem a técnicas próprias do mercado. No entanto, são poucos os que levam uma vida que reflete os valores que se descrevem nas bem-aventuranças e que se encarnam em Cristo. Precisamos recuperar a centralidade de Cristo, o segundo Adão, que veio para restaurar a imagem de Deus manchada pela desobediência do primeiro Adão, e fazer da perfeita humanidade de Cristo em nós a meta da nossa experiência pessoal e comunitária.

Ricardo Barbosa não precisa ser recomendado como um autor que usa sua escrita com um elevado sentido de responsabilidade diante de Deus e na relação com seus leitores. Seu ministério pastoral é um dom da graça de Deus que tem enriquecido espiritualmente a igreja de Jesus Cristo no Brasil e além das fronteiras do seu próprio país. Este livro é mais um exemplo desse ministério. Não há dúvida de que a semente de profunda espiritualidade que contém dará frutos em abundância, para a glória de Deus.

C. René Padilla

Buenos Aires, 24 de novembro de 2011

1. O ENCOLHIMENTO DA HUMANIDADE

Vivemos hoje uma desconfortável sensação de vazio. Uma onda de frustração, futilidade, falta de sentido vem tomando conta da humanidade. Perdeu-se a noção do que significa ser humano. Os valores e as tradições que davam algum sentido ou ordem à vida e à sociedade vão lentamente desaparecendo. A família, que sempre foi reconhecida como a "célula-mãe" da sociedade, hoje representa a matriz das muitas patologias pessoais e sociais. A igreja, que simbolizou o eixo moral, encontra-se mergulhada em muitos escândalos. Os educadores perderam a autoridade e o ânimo. Os políticos e as autoridades públicas perderam a confiança e o respeito. Sem saber o que fazer, somos levados a viver da forma como tantos outros, que também andam tateando em busca de algo que lhes dê sentido. A sensação que temos é que a humanidade encolheu.

Se, por um lado, presenciamos o rápido desenvolvimento tecnológico e científico, por outro vemos um acelerado processo de decadência humana. Deparamo-nos todos os dias com novas descobertas, novas tecnologias, avanços na ciência, drogas que prometem melhorar a qualidade de vida. Investe-se muito na saúde e no lazer. As festas são animadas, os bares estão sempre cheios, as ruas agitadas, o turismo está em alta, a moda, cada vez mais glamourosa. Ainda assim, um sentimento de tédio insiste em dominar a existência humana em um mundo cada vez mais enfadonho. Esses versos da música "Socorro", do cantor e compositor Arnaldo Antunes, expressam bem esse sentimento:

Socorro!
Não estou sentindo nada
Nem medo, nem calor, nem fogo,
Não vai dar mais pra chorar
Nem pra rir...

Socorro!
Alguma alma, mesmo que penada
Me empreste suas penas
Já não sinto amor, nem dor
já não sinto nada...

Socorro!
Alguém me dê um coração,
Que esse já não bate nem apanha
Por favor! Uma emoção pequena,
qualquer coisa!

Qualquer coisa que se sinta...
Tem tantos sentimentos, deve ter algum que sirva
Qualquer coisa que se sinta
Tem tantos sentimentos, deve ter algum que sirva...[1]

 A sociedade contemporânea acredita no valor intrínseco do ser humano. A Declaração Universal dos Direitos Humanos e todas as outras declarações (criança, adolescência, juventude, mulheres, raças) são esforços para afirmar e preservar esse valor. O que vemos, porém, é um esforço que revela o processo decadente que vivemos. Hoje, temos leis que garantem assentos nos transportes públicos para gestantes, idosos e portadores de necessidades especiais. Parece um grande avanço da civilização, mas não é. Há

---

1 Composição de Arnaldo Antunes e Alice Ruiz. (N. de Revisão)

poucas décadas, bastava uma mulher entrar num transporte público, que vários homens, respeitosamente se levantavam e cediam lugar. Não precisava estar grávida, nem com criança no colo. Parece-me que já fomos mais nobres. Não precisávamos de leis ou declarações para garantir direitos, apenas a boa educação que recebíamos em casa e na escola. As declarações de direitos vêm sendo promulgadas, não para seres humanos nobres e livres, mas para uma geração marcada pelo egoísmo e pela indiferença.

A mediocridade é uma marca da nossa cultura. Vivemos cercados de celebridades fúteis, políticos inescrupulosos e estúpidos, negociantes ambiciosos e desumanos, religiosos vulgares e narcisistas. Por todo lado que olhamos não encontramos alguém que nos inspire, que valha a pena imitar, que nos desperte para algo maior, mais sublime, mais real. É claro que eles existem, mas parece que ninguém se importa com eles.

A escritora Lia Luft, em uma de suas crônicas, usou uma imagem que é um retrato da nossa cultura. Ela disse: "Viver é subir uma escada rolante pelo lado que desce". Ela descreve assim a vida da grande maioria de nós:

> No alto dessa escada nos seduzem novidades e nos angustia o excesso de ofertas. Para baixo nos convocam a futilidade, o desalento ou o esquecimento nas drogas. Na dura obrigação de ser felizes, embora ninguém saiba o que isso significa, nossos enganos nos dirigem com mão firme numa trilha de contradições. Apregoa-se a liberdade, mas somos escravos de mil deveres. Oferecem-nos múltiplos bens, mas queremos mais. Em toda esquina novas atrações, e continuamos insatisfeitos. Desejamos permanência, e nos empenhamos em destruir...[2]

Sua crônica é um retrato triste da nossa cultuada pós-modernidade. A solução para quem insiste em subir a escada rolante pelo lado que desce, segundo ela, é:

---

2   Lya Luft, "Trilha de contradições", in: *Revista Veja*, edição 2119 de 01/07/2009.

... a bolsinha de medicamentos. A pílula para dormir e a outra para acordar, a pílula contra depressão (que nos tira a libido) e a outra para compensar isso (que nos rouba a naturalidade), e aquela que ninguém sabe para que serve, mas que todo mundo toma. Fingindo não estar nem aí, parecemos modernos e espertos, e queremos o máximo: que para alguns é enganar os outros; para estes, é grana e poder, beleza e prestígio; para aqueles, é delírio e esquecimento.[3]

Não podemos parar. Não porque se continuarmos andando vamos alcançar alguma coisa, mas porque se não andarmos seremos levados, inexoravelmente, para baixo. No delírio de insistir em subir a escada pelo lado que desce, vemos crescer as neuroses, as fixações sexuais, a aceitação incondicional das bobagens dos manuais de autoajuda. O surgimento de inúmeras e estranhas terapias, o esforço em normalizar comportamentos patológicos e "quase" todas as opções sexuais, apenas endossam o cansaço de uma civilização que já se vê levada, inevitavelmente, para baixo.

TÉDIO E ANSIEDADE

Um dos medicamentos mais comercializados hoje no Brasil é o Rivotril. Trata-se de uma droga contra a ansiedade, de custo baixo, que se tornou o segundo remédio mais vendido no Brasil, atrás apenas do anticoncepcional Microvlar. Segundo uma pesquisa apresentada na revista *Época*[4], a droga é antiga, com mais de 35 anos no mercado, mas, nos últimos anos, teve uma escalada impressionante de vendas, batendo inclusive analgésicos tradicionais como Novalgina e Tylenol.

É um dado revelador do retrato social. Além dos problemas mencionados na reportagem, que vão do crescimento dos

---

3   Ibid.
4   "O país do Rivotril", in: *Revista Época*, edição 562 de 20/02/2009.

transtornos de ansiedade e depressão em uma sociedade alimentada pela competição e pela futilidade, aos milhões de dólares gastos em publicidade pela indústria farmacêutica, passando pelos atalhos usados por profissionais da saúde que não se preocupam em analisar as causas da ansiedade, tratando-a como um estado de humor apenas. É um quadro que revela o tipo de vida que vivemos em nossa sociedade cada vez mais neurótica.

Vivemos um tempo de muita pressa, competição e medo. As inúmeras expectativas sociais, afetivas e profissionais geram inquietações e frustrações. As mudanças em diversos aspectos da vida acontecem em uma velocidade enorme e tornam cada vez mais difícil discernir o que realmente importa e o que é possível. Os anseios internos e externos nos consomem. Amigos e familiares requerem nosso tempo e atenção. Inúmeros projetos não concluídos e outros na fila, à espera de tempo para serem considerados. O lar deixou de ser um lugar tranquilo. Os vários televisores ligados, a internet e os celulares nos colocam conectados com tudo o tempo todo. Não podemos perder nada.

O rabino Nilton Bonder escreveu um artigo sobre a importância do *shabat* judaico, no qual critica a ausência de descanso na cultura moderna. Ele afirma:

> Para um mundo no qual funcionar 24 horas por dia parece não ser suficiente, onde o meio ambiente e a terra imploram por uma folga, onde nós mesmos não suportamos mais a falta de tempo, descansar se torna uma necessidade do planeta. Hoje, o tempo de "pausa" é preenchido por diversão e alienação. Lazer não é feito de descanso, mas de ocupações "para não nos ocuparmos". A própria palavra entretenimento indica o desejo de não parar. E a incapacidade de parar é uma forma de depressão... Entramos no milênio num mundo que é um grande shopping. A internet e a televisão não dormem. Não há mais insônia solitária; solitário é quem dorme. As bolsas do Ocidente e do Oriente se revezam fazendo do ganhar e perder,

das informações e dos rumores, atividade incessante. A CNN inventou um tempo linear que só pode parar no fim.[5]

Tudo isso nos torna seres ansiosos e com expectativas irreais. A fronteira entre o real e a ilusão é cada vez mais tênue. Queremos estabilidade, sem abrir mão da aventura. Queremos amar e ter amizades pessoais e profundas, sem abrir mão de sexo intenso e selvagem. Queremos família, mas sem compromissos de lealdade e fidelidade. Queremos nos realizar, mas sem sacrifícios. Esses sentimentos, mesmo paradoxais, revelam que há um anseio na alma humana, um desejo de amar e ser amado, de estabelecer relações estáveis e maduras. No entanto, revelam também um volume tão grande de possibilidades e expectativas que não nos permitem seguir em uma direção, ou avançar em um caminho. Somos como uma criança em uma loja de doces ou brinquedos.

Os abismos sociais ganham proporções cada vez maiores. Os ricos se trancam em suas fortalezas de luxo enquanto os mais pobres insistem em participar, ainda que pirateando, do seu mundo sofisticado. As drogas atuam nivelando as classes sociais. Muitos jovens que cresceram usufruindo e consumindo a riqueza dos pais, hoje, quando entram na vida adulta, não conseguem manter o padrão de vida, uma vez que não se prepararam para entrar no competitivo mercado de trabalho. A saída, quase sempre, envolve drogas, álcool e violência.

A ansiedade que o Rivotril não cura, e o lugar ao qual nunca chegamos subindo pela escada rolante pelo lado que desce, revelam um anseio mais profundo da alma humana. Fomos criados para algo maior. Ansiamos algo melhor. No entanto, sabemos o quanto é difícil nadar contra a correnteza cultural. Somos levados a conviver com a corrupção, afinal,

---

5 Rabino Nilton Bonder, "Os domingos precisam de feriados", in: www.mundosustentável.com.br. Disponível em https://cutt.ly/ZhkcSjs (Acesso em 30/11/2020). (N. de Revisão)

política é assim mesmo. Somos tentados a dedicar nossa curta existência a ganhar, comprar, competir, acumular, sem saber exatamente para que. Aceitamos a mediocridade como um padrão, afinal, todos vivem e pensam assim.

Somos puxados para baixo o tempo todo acreditando que a vida é assim mesmo. No entanto, alguma coisa lá dentro insiste em nos dizer que há algo maior e melhor. Algo que transcende a futilidade do nosso tempo. Jesus, no seu magnífico Sermão do Monte, faz uma declaração bastante adequada para o nosso tempo: "... *não se preocupem dom a sua vida, quanto ao que irão comer ou beber; nem com o corpo, quanto ao que irão vestir. Não é a vida mais do que o alimento, e não é o corpo, mais do que as roupas?*" (Mt 6.25). Ao afirmar que a vida é mais do que roupas, viagens, bens, sucesso, ele nos leva a reconhecer que existe algo maior, mais sublime e glorioso. Nossa fome não é de bens, viagens ou sucesso. Nossa fome é de uma humanidade mais nobre e mais real.

2. O ENCOLHIMENTO DA CRISTANDADE

No mundo religioso, particularmente entre os evangélicos, não é diferente. Seguindo a mesma onda cultural, vivemos um processo de encolhimento da fé. Os líderes modernos nem de longe se comparam aos santos do passado. Muitas igrejas vêm se transformando em centros de entretenimento religioso. Perdemos a noção do que significa ser cristão.

O narcisismo é uma disfunção de caráter que tem dominado o cenário cultural, arrastando consigo os cristãos. O comportamento narcisista é definido como um sentimento de autoestima elevado, autoabsorvido, com fantasias de sucesso ilimitado, poder, inteligência, beleza ou amor ideal, alimentado pela crença de ser "especial", que leva a explorar relacionamentos em busca de admiração. Não é isso que se prega em muitas igrejas? Não é exatamente isso que muitos cristãos buscam em suas orações?

Para um narcisista, a realidade é concebida apenas dentro de seu universo fechado e egoísta. Este vem sendo o padrão de comportamento de muitos cristãos e líderes de nossas igrejas que precisam ter o "seu" ministério, a "sua" visão, o "seu" projeto. É comum encontrar pastores frustrados porque sua igreja não comprou "sua visão". Tudo é concebido em um universo fechado e egoísta.

Um sinal do espírito narcisista em nossas igrejas é o grande valor que se dá às personalidades famosas que se convertem. A identidade cristã ganha mais credibilidade quando vinculada a uma igreja ou ministério que leva o nome de alguém famoso. Uma "conversão" tem maior valor quando narrada por uma celebridade. O espaço para a consciência do outro é cada vez menor, uma vez que somos absorvidos com a "minha" necessidade de autorrealização.

O narcisismo, como expressão da autoglorificação, é tão velho quanto o pecado original — ... *e, como Deus, vocês serão conhecedores do bem e do mal* (Gn 3.5). A cultura narcisista, fortalecida pelo individualismo, consumismo e pela "divinização" do ser, torna-nos temerosos em relação ao "outro". Achamos que é possível criar uma compreensão da existência humana a partir desse ser fechado em si mesmo. A realidade passa a ser aquilo que concebemos em nossa consciência absorvida por nossas carências e fantasias. Muitos admitem que Deus é um inibidor e repressor da liberdade e realização humana. Preferem um Deus mais preocupado em atender às inúmeras demandas de egos narcisistas e infantilizados, querendo sempre mais, entediados e insatisfeitos.

O narcisismo da cultura moderna reflete a realidade do pecado. Muitas desordens mentais têm sua origem no esforço humano de querer viver sem Deus — ser seu próprio deus. O apóstolo Paulo descreve assim este quadro: *Porque, tendo conhecimento de Deus, não o glorificaram como Deus, nem lhe deram graças. Pelo contrário, se tornaram nulos em seus próprios raciocínios, e o coração insensato deles se obscureceu* (Rm 1.21). Essas pessoas tornaram-se cheias de si, passaram a se admirar mais do que ao Criador, substituíram a verdade pela mentira, e acabaram sendo entregues a toda sorte de desordens mentais e emocionais.

A identidade cristã repousa no batismo. Fomos batizados em um "corpo". O "eu" solitário e egoísta deu lugar a um "nós" solidário. Não me realizo em mim mesmo, mas no outro, à medida que me entrego em amor e serviço abnegados. Nenhum membro do corpo existe ou sobrevive por si — *Os* olhos não podem dizer à mão: "Não precisamos de você" (1Co 12.21). Jesus afirmou: "Se, pois, o Filho os libertar, vocês serão verdadeiramente livres" (Jo 8.36). Nossa segurança e liberdade não são encontradas no ser autônomo, mas no reconhecimento de Cristo como Senhor e cabeça da sua igreja e na submissão ao seu governo e ao seu povo.

Sei que a igreja é um lugar de pecadores. Sei que não somos um ajuntamento de gente legal. Também sei que vivemos em companhia de pecadores dissimulados, hipócritas legalistas, adultos infantilizados e emocionalmente atrofiados. Encontramos em nossas igrejas irmãos e irmãs a caminho de um crescimento saudável, e outros em busca de entretenimento religioso. Convivemos com pessoas em todos os níveis e fases de crescimento. Pais aprendendo como cuidar de seus filhos e como educá-los. Cônjuges enfrentando as crises do relacionamento conjugal, aprendendo a amar, cuidar, sacrificar-se, honrar e perdoar. Jovens buscando o caminho da santidade lutando contra as pressões de uma cultura que os empurra para o precipício.

O encolhimento dos cristãos pode ser percebido não pelo fato de serem pecadores a caminho da santidade, com todas as lutas e dificuldades que encontramos nesse caminho estreito, mas por serem cristãos dissimulados que transformam a fé em Cristo em um trampolim para, em vez de o glorificarem, serem glorificados por ele.

O VISÍVEL E O INVISÍVEL

O cristianismo não é, *a priori*, uma instituição religiosa, mas uma pessoa. Embora existam igrejas e instituições cristãs, com seus programas e tradições, elas não definem, por si, a natureza da fé cristã. O que define a natureza da fé cristã é Cristo e seu chamado para segui-lo. Falaremos sobre isso mais à frente. Por enquanto, quero apenas considerar se a fé que nós, cristãos, professamos é real. Não se trata de saber se as convicções cristãs são verdadeiras, mas se a fé que temos em Cristo é real e pessoal.

Colocando de forma mais simples, a pergunta é: Sou um "crente" ou um discípulo de Cristo? Sou um frequentador de igreja que participa ativamente dos seus programas ou um seguidor de Cristo? Ser um crente significa que tenho convicções cristãs, que participo da vida da igreja, que conheço as doutrinas que moldam a fé, que contribuo com meus talentos e recursos para a vida e missão da igreja. Significa também que oro, leio e medito na Bíblia e procuro ser ético e moralmente correto naquilo que faço. Olha que isso já é muita coisa, mas embora tudo isso seja fundamental e indispensável, não é suficiente.

Sabemos que não são as paredes de uma igreja que nos fazem ser cristãos. Sabemos também que uma profissão de fé apenas racional não faz de nós seguidores de Cristo. Ter um bom comportamento, boa educação, embora seja fundamental para qualquer cidadão, não faz dele, necessariamente, um cristão. Vivemos entre o formalismo da religião organizada, com seus programas e doutrinas, e a realidade pessoal da fé. Na esfera visível da religião organizada e institucional, a fé parece ter uma identidade razoavelmente clara. Os crentes frequentam suas igrejas, participam dos seus programas, professam seus credos, assimilam sua cultura, linguagem e costumes. Já na esfera pessoal, a fé cristã, para muitos, não tem uma identidade tão clara.

Jesus, no Sermão do Monte, levanta uma pergunta desconcertante: *"Porque, se vocês amam aqueles que os amam, que recompensa terão? Os publicanos também não fazem o mesmo? E, se saudarem comente os seus irmãos, o que é que estão fazendo de mais? Os gentios também não fazem o mesmo?"* (Mt

5.46s). Há uma esfera da vida, mesmo da vida religiosa, que é comum a todas as pessoas de boa formação. Ter bons hábitos, participar da vida comunitária, ter convicções e uma conduta ética e moral saudável, mantém-nos na esfera do ordinário, somos cidadãos responsáveis. Jesus afirma que até os sem religião conseguem fazer isso. Não há nada excepcional nisso. Isso é o que podemos chamar de boa educação. É o que se espera de qualquer cidadão.

A esfera pessoal da fé cristã é aquela que transcende o senso comum e ordinário, vai além do institucional e do funcional. Não pode ser medida por programas, contribuições, assiduidade, conhecimento ou convicções. Ela tem um caráter interior, antes de se expressar exteriormente. Jesus deixa isso claro ao anunciar que o Reino de Deus não se manifestaria com grande visibilidade, mas que estaria dentro daqueles que viessem a crer nele: *Indagado pelos fariseus sobre quando viria o Reino de Deus, Jesus lhes respondeu: "O Reino de Deus não vem com visível aparência. Nem dirão: 'Ele está aqui!' Ou: 'Lá está ele!' Porque o Reino de Deus está entre vocês"* (Lc 17.20s).

Para Jesus, a realidade interior é que determina a exterior. Algumas de suas afirmações mostram a importância e a primazia da realidade: "*Porque, onde estiver o seu tesouro, aí estará também o seu coração*" (Mt 6.21). "*Este povo me honra com os lábios, mas o seu coração está longe de mim*" (Mt 15.8). "*Porque do coração procedem maus pensamentos, homicídios, imoralidade sexual, prostituição, furtos, falsos testemunhos, blasfêmias*" (Mt 15.19). O coração simboliza a realidade interior em que a vida encontra sua verdadeira expressão.

A crítica de Jesus aos líderes religiosos do seu tempo se deu porque valorizavam mais a aparência religiosa, o rigor dos rituais, a formalidade institucional e não o coração. Para Jesus, a árvore é boa porque suas raízes são saudáveis, consequentemente, seu fruto será igualmente bom. Para ele, é dentro de cada um de nós, nos lugares mais profundos da alma, que nascem nossos desejos. É o alicerce invisível da casa construída sobre a rocha que resiste aos ventos fortes e tempestades. Esses conceitos de Jesus apontam para uma realidade pessoal e interior da fé.

Nada disso implica, necessariamente, uma rejeição à instituição ou uma negação da necessidade de estruturas religiosas. Contudo, o problema que Jesus denuncia em relação aos hipócritas do seu tempo continua presente nos nossos dias, talvez mais até do que naqueles dias. A cultura da aparência, o espírito narcisista, a busca pelo sucesso e a importância do pragmatismo são muito fortes entre nós. Somos nós que criamos a realidade por meio dos números, da aparência, da eficiência e da imagem. É a propaganda que define o que é melhor. Conceitos como sucesso, felicidade, realização, amor, beleza são criados e recriados a cada dia.

Se a igreja institucional tem sido severamente criticada por sua incoerência e vem perdendo sua credibilidade, isso se deve ao encolhimento da vida daqueles que participam da comunidade. Na parábola das casas construídas sobre a areia e a rocha, o que define a diferença entre as duas não é o que ouviram, mas a forma pela qual viveram. É o alicerce não visível que definiu a natureza visível de cada casa. O que nos leva a perceber a diferença nos alicerces é a tormenta que se levanta contra essas casas, derrubando uma, mas não tendo poder sobre a outra.

Essa é uma parábola da vida cristã. O alicerce da casa edificada sobre a rocha é determinado pelo ouvir e praticar as palavras de Jesus. Os dois verbos devem ser conjugados sempre juntos. Ouvir e não praticar representa o desastre, a tragédia. Ouvir e praticar representa a vida real, exuberante, verdadeira. Uma vida que não é determinada pela preocupação com a aparência, nem com a pressa ou funcionalidade, mas pela capacidade de resistir ao ódio, à competição, indiferença, rejeição, inveja, luxúria, ao ciúme e orgulho.

Quando o apóstolo Paulo nos fala da vida oculta em Cristo: *Portanto, se vocês foram ressuscitados juntamente com Cristo, busquem as coisas lá do alto, onde Cristo vive, assentado à direita de Deus. Pensem nas coisas lá do alto, e não nas que são aqui da terra. Porque vocês morreram, e a vida de vocês está oculta juntamente com Cristo, em Deus (Cl 3.1-3)*, ele tem em mente essa mesma realidade afirmada por Cristo. Uma vida oculta em Cristo não é uma vida alienada ou uma espiritualidade secreta, mística, mas uma realidade que tem sua identidade na consciência do chamado de Cristo e na forma pela qual o imitamos.

A busca humana por reconhecimento e afirmação faz com que nos tornemos cada vez mais dependentes das compensações e, consequentemente, mais alienados. O Dr. James Houston, falando sobre o significado da vida oculta em seu livro *Meu legado espiritual* afirma o seguinte:

> Por ironia, muitas vezes é o comportamento de compensação que nos traz as aclamações do mundo. A moça que nunca fora notada faz grande sucesso num palco de teatro; o rapaz solitário recolhe-se, volta-se para os livros e torna-se um grande erudito; o alvo das risadas e de humilhação do professor torna-se um importante consultor de negócios; o aluno que não se integrava com os demais na escola torna-se um famoso escritor — eles não saciam a fome do coração nem dão vida a outras pessoas. O orgulho reina no lugar de Deus, e pensamos não precisar da graça divina.[6]

Outra imagem sobre essa mesma realidade é a da pequena carta à igreja de Laodiceia no livro do Apocalipse. A igreja de Laodiceia não tinha problema algum com as perseguições externas, nem com os falsos profetas e mestres que surgem

---

6   Houston, James. *Meu Legado Espiritual*. (São Paulo: Mundo Cristão, 2006): 56.

dentro delas. O seu problema era ela mesma. O diagnóstico que ela recebe de Cristo é ela mesma quem dá quando ele afirma: *Você diz: "Sou rico, estou bem de vida e não preciso de nada"* (Ap 3.17). Ela se considerava rica, abastada, autossuficiente e, por isso, não tinha consciência de sua necessidade. Não precisava de nada. No entanto, o Senhor da igreja a vê de outra forma: *Conheço as obras que você realiza, que você não é nem frio nem quente. Quem dera você fosse frio ou quente! Assim, porque você é morno, e não é nem quente nem frio, estou a ponto de vomitá-lo da minha boca* (v.15s). Enquanto ela se achava autossuficiente, Jesus a vê como uma comunidade "morna", acomodada, tranquila e segura em sua condição de "rica". O que ela não sabia é que era *infeliz, sim, miserável, pobre, cego e nu* (v.17). Ela achava que era rica, mas na verdade, era pobre. Achava que enxergava, mas era completamente cega. Achava que era feliz, quando, na verdade, era profundamente infeliz, mas não sabia nada disso. Havia perdido o contato com a realidade.

Nossas igrejas modernas são assim. Minha igreja é assim. Não gostamos de admitir, mas somos ricos e autossuficientes. Somos ricos de gente brilhante e talentosa. Somos ricos de ideias e conhecimento. Somos ricos de recursos e tecnologias, de doutrinas e normas. Temos músicos competentes. Professores bem preparados. Recursos tecnológicos. Acesso às modernas técnicas terapêuticas, desenvolvimento humano, planejamento estratégico, dinâmicas que incrementam nossos relacionamentos e espírito de equipe. Somos ricos e abastados e não temos mais consciência de quem somos nem do que necessitamos.

É claro que não há problema algum em ter pessoas talentosas e competentes, ou ter boas ideias e doutrinas saudáveis, é o que todos desejamos. O problema está em "não precisar de coisa alguma". Em outras palavras, o problema está em confiar em nós, na realidade externa, em parecer que somos o que não somos. Laodiceia parecia que adorava, mas Cristo permanecia do lado de fora. Parecia que era, mas não era. Perdeu a capacidade de se ver. Perdeu o contato com a realidade. Vivia a partir de uma grande fantasia criada por ela mesma.

Por causa de sua riqueza, autossuficiência e da aparência, Laodiceia tornou-se uma igreja morna. Nem fria, nem quente. Morna. O morno é uma temperatura confortável. Tanto o frio quanto o calor requerem providências, cuidados. O morno é o estado de pessoas ou comunidades que encontram o conforto e a segurança em si mesmas. Não desejam nada, não sentem a ausência de nada, não buscam nada, não lutam por nada. Sentem-se confortáveis e realizadas. Possivelmente sentem falta de alguma nova tecnologia, ou de algum recurso que ainda não possuem, de uma nova sensação que ainda não provaram, uma cura ou um milagre, mas é só. É possível encontrar muita gente animada nessas igrejas, cantando e dançando, participando de projetos e programas, mas o que há de real em tudo isso?

Laodiceia simboliza a igreja moderna, rica e abastada, sem consciência de quem é, do que lhe falta, sem desejo, confortavelmente instalada sob seus recursos. Uma igreja que tem tudo, mas não tem nada, que parece ser, mas não é. Que não tem consciência de sua realidade interior. Não conhece o seu pecado. Não compreende o significado do Reino. Não é capaz de sondar seu próprio coração. Crê em Cristo, fala de Cristo, canta sobre Cristo, mas Cristo permanece do lado de fora. Se colocarmos os ensinos de Jesus ao lado da conduta deste povo que se chama "evangélico", veremos que ele é uma pessoa estranha a nós.

Falta-nos uma identidade primária, aquela que nos é dada pelo Senhor, que é fruto da união com Cristo, da comunhão, da relação de amor e dependência sem a qual tudo mais é apenas uma ilusão, uma aparência de algo que parece ser, mas não é.

TECNOLOGIA, PRAGMATISMO E ILUSÃO

Em minhas andanças por igrejas, congressos de pastores e líderes, chama a minha atenção o interesse cada vez maior por modelos e técnicas funcionais que tornem a igreja e o ministério mais produtivo e eficiente. Palestras, seminários e conversas giram em torno das diferentes propostas adotadas pelas grandes igrejas e pastores de sucesso.

Antes que me interpretem mal, quero deixar claro que minha preocupação e a razão pela qual escrevo não têm por objetivo criticar modelos ou tecnologias que buscam eficiência e produtividade, muito embora haja modelos e técnicas que mereçam uma crítica, mas esta não é minha preocupação aqui. Minha preocupação está voltada para a ilusão e a perda da realidade na vida e no ministério do cristão pós-moderno. As ferramentas que a tecnologia nos oferece hoje têm seu valor. Todos reconhecem a importância e a necessidade delas. No entanto, o problema está no papel que desempenham na vida moderna e no risco da ilusão que criam.

O grande mandamento que Jesus nos deixou é: "'Ame o Senhor, seu Deus, de todo o seu coração, de toda a sua alma, com todas as suas forças e todo o seu entendimento.' e 'Ame o seu próximo como você ama a si mesmo'" (Lc 10.27). O chamado de Jesus para segui-lo é sempre um chamado pessoal. É um chamado para amá-lo com tudo o que somos. É esse amor que nos leva a segui-lo, obedecer-lhe e imitá-lo e não apenas em concordar com o que ele ensinou.

A razão de nossa existência é amar Deus e o próximo. Tudo o que somos e fazemos é a forma como expressamos esse amor. Tudo o que Jesus ensinou, e a forma como ele viveu foi um testemunho vivo desse grande mandamento. O apóstolo Paulo afirmou que o amor é a maior de todas as virtudes. Todo o testemunho bíblico é centrado sobre esse mandamento.

A tecnologia desempenha um papel importante na vida moderna. Se, por um lado, não devemos ser tecnofóbicos e nem tecnólatras, por outro precisamos de sabedoria e discernimento para entender os limites e riscos dela. Encontramos hoje ferramentas tecnológicas para tudo, seja para plantar uma igreja, seja para educar os filhos. Os livros com os "como fazer" enchem as prateleiras de nossas livrarias. Neles encontramos as ferramentas e fórmulas para se ter um casamento feliz, criar filhos obedientes e saudáveis, ter uma vida sexual plena, um discipulado eficaz e orações que funcionam. Tudo é uma questão de encontrar a ferramenta certa e obter o resultado esperado.

O problema é que a vida e os relacionamentos são mais complexos do que as fórmulas e receitas que temos em nossas prateleiras. Não é porque tenho algumas dezenas ou centenas de pessoas cadastradas em alguma ferramenta de relacionamento virtual que tenho amigos. Não é porque frequentamos uma igreja bem organizada e estruturada e participamos de suas atividades que somos discípulos de Cristo e vivemos em comunhão. A realidade é mais complexa do que o pragmatismo tecnológico.

Muitos cristãos são tentados a pensar que, se temos uma boa música na igreja, temos uma boa adoração; se temos uma boa doutrina, temos uma boa espiritualidade; se temos bons projetos, temos uma missão; se temos uma boa estrutura, temos uma comunidade; e por aí vai. No entanto, uma coisa não significa necessariamente a outra. É possível ter uma boa música na igreja, com bons músicos e uma pessoa bem preparada para conduzir o momento de "louvor e adoração", uma boa seleção de músicas, mas isso não implica, necessariamente, que somos adoradores. O fato de termos uma igreja bem estruturada, com departamentos e ministérios funcionando, recepcionistas bem treinados para receber os visitantes com sorriso e atenção, não faz de nós uma comunidade. A fronteira entre a realidade e a ilusão é bem estreita.

As ferramentas tecnológicas nos tornam mais eficientes e criam uma forma de identidade. Temos boa música, bons instrumentistas e um povo que canta entusiasmado, pressupomos que esse povo adora a Deus quando, muitas vezes, o que temos é apenas um povo que canta entusiasmado, e só. A tecnologia intensifica a alienação à medida que cria uma falsa realidade. O valor de uma pessoa é cada vez mais atrelado à sua capacidade produtiva. A obsessão pelo sucesso e a tirania da aparência são os novos atores em um cenário cada vez mais competitivo, intensificando ainda mais o grau de alienação e impessoalidade em que vivemos.

Um dos grandes eventos espirituais no mundo pós-moderno tem sido a inversão de valores e prioridades. O relato bíblico sobre a visita de Jesus à casa de Marta e Maria diz que Maria escolheu a melhor parte enquanto Marta manteve-se ocupada com seus muitos afazeres. Durante a visita do Mestre, Maria permaneceu assentada aos pés de Jesus, como todo discípulo deveria fazer, ouvindo atentamente as palavras do seu Mestre, enquanto Marta permaneceu agitada, andando de um lado para o outro, preocupada com os muitos afazeres que a presença de Jesus requeria das anfitriãs.

A censura de Jesus a Marta se dá em virtude de sua inquietação e não de sua responsabilidade e eficiência. Houve uma inversão de valores. O trabalho que Marta estava fazendo era importante e necessário, mas naquele momento, sua preocupação e atenção deveriam ser outras. Tomás de Aquino disse que "a vida de contemplação é melhor do que a vida de ação". O problema é que, quando falamos em contemplação ou meditação em um mundo agitado e competitivo como o nosso, isso soa como uma proposta sem sentido e ridícula. O mundo não para, o mercado requer nossa atenção o tempo todo, as inúmeras demandas exigem toda nossa atenção e energia. Meditar ou contemplar não é uma atividade própria de quem vive em um grande centro urbano em pleno século 21.

No entanto, ao inverter esses valores, o homem pós-moderno exalta o ser produtivo ou o ser tecnológico, dando a ele a prerrogativa de ser o agente fabricante da realidade, que adquire as ferramentas que providenciam seu poder e alimentam sua identidade. Essas ferramentas de conhecimento ou de produção não se preocupam com o "porquê", mas com o "como". Produtividade e eficiência tornam-se o grande ideal e, em uma era em que o homem não confia mais em nada que não seja pragmático, o meio e o fim são invertidos.

O perigo para a fé é que ela vem se tornando cada vez mais funcional e menos pessoal. Diz mais respeito ao fazer do que ao ser. Isso significa que o "grande mandamento" é invertido. Em vez de amar Deus e o próximo como o grande ideal cristão, aprendemos a usar Deus e o próximo para atingir um novo ideal: eu e o meu sucesso. O que se vê hoje são tecnologias que apresentam as ferramentas que nos ensinam a tirar o melhor proveito de Deus e do próximo para alcançar nossos objetivos. Deus e o próximo são os meios e não mais o fim. Muitos livros estão aí para testemunhar isso.

O mandamento de Jesus coloca o amor a Deus e ao próximo como objetivo final de todo o empreendimento cristão e que tudo mais deve nos orientar a partir dele e para ele. A inversão é transformar Deus em um objeto de estudo e não mais o ser com quem me relaciono em amor, serviço e adoração. É usá-lo para dar visibilidade ao "meu ministério" ou à "minha igreja" e não para promover a honra e glória do seu nome. É transformar o próximo em um número e não em alguém com quem divido minha história, esperança, fé e meu amor. Nossas igrejas vêm se transformando em uma espécie de linha de produção de costumes, programas e atividades.

Perdemos a pessoalidade, o que importa no final é uma igreja grande, cheia, agitada, com inúmeros programas, boa receita e status. Os pastores sentem-se realizados porque, afinal de contas, são reconhecidos como líderes de sucesso e gozam do respeito da denominação ou mesmo das autoridades políticas e sociais. Os crentes vivem como se pertencessem a uma grife religiosa, comentam com orgulho que fazem parte desta ou daquela igreja, que tem tal pastor como líder. É como se houvesse algum status em ter ocupado o mesmo berçário que Bill Gates.

Presenciamos a perda da sabedoria e da santidade na sociedade tecnológica que busca cada vez mais técnicos e especialistas em soluções rápidas e eficientes e não sábios, nem santos. É curioso notar como, em nossas igrejas modernas, há pouco (ou nenhum) espaço para o idoso (a não ser nas vagas especiais de estacionamento exigidas por lei). Não valorizamos o sábio, mas o expert ou o técnico. Um dos efeitos devastadores desse espírito em nosso tempo é o medo do envelhecimento. A rejeição da sabedoria em detrimento da técnica confirma o estado de alienação em que vivemos.

3. A NATUREZA PESSOAL DO CRISTIANISMO

Precisamos recuperar a natureza pessoal da fé cristã. Com "pessoal" quero dizer que o chamado de Cristo é sempre um convite para segui-lo: "vem e segue-me" — é a fórmula que Jesus usou para convidar seus discípulos. É também um chamado que nos envolve integralmente. Não é um chamado, a princípio, para fazer alguma coisa, mas para estar e aprender com Cristo.

O mandamento de Cristo envolve "amar Deus e o próximo", e isso requer um relacionamento pessoal — amar com todo o coração, a alma, a força e o entendimento. É um relacionamento no qual a oração, a comunhão, a obediência e o serviço, bem como a razão, as emoções, os desejos e a vontade estão presentes em todos os âmbitos da existência humana, tanto vertical quanto horizontal.

Um dos grandes desafios do cristianismo no século 21 é recuperar seu caráter pessoal. A grande comissão que Jesus nos deixou foi: "*Portanto, vão e façam discípulos de todas as nações, batizando-os em nome do Pai, do Filho e do Espírito Santo, ensinando-os a guardar todas as coisas que tenho ordenado a vocês. E eis que estou com vocês todos os dias até o fim dos tempos*" (Mt 28.19s). Não se trata de um chamado (comissão) para simplesmente fazer — no sentido de produzir — um discípulo. Jesus não fez discípulos trancando-os em uma sala de aula para, depois de alguns meses ou anos receberem o diploma de "discípulos", serem ordenados "apóstolos" e saírem à procura de um emprego em alguma igreja. Quando Paulo afirma o seu apostolado, ele não diz que estudou, formou-se, recebeu um diploma e agora precisam reconhecê-lo como um apóstolo. Ele diz: *Não vi Jesus, nosso Senhor? Por acaso vocês não são fruto do meu trabalho no Senhor?* (1Co 9.1). Havia uma evidência dinâmica em sua vida que dava a ele sua identidade.

Jesus nos chama para segui-lo, para sermos seus discípulos-seguidores e para fazermos discípulos-seguidores dele; para batizarmos esses discípulos integrando-os em uma comunidade trinitária; ensinando-os a guardar tudo o que Jesus ensinou, promovendo uma formação espiritual integral, na qual o perdão ao ofensor, as virtudes da mansidão e humildade, o desapego ao dinheiro e ao poder, o tomar cada um sua cruz de renúncia e obediência farão parte dessa rica caminhada de fé. O problema é que não é isso que temos feito. Em vez de fazer discípulos e seguidores de Cristo, temos nos empenhado em fazer, quando muito, novos convertidos. Ser convertido, para muitos, implica crer nas doutrinas certas e ter as convicções corretas. Se eu creio na Bíblia como Palavra de Deus, na encarnação de Cristo, sua vida, morte e ressurreição, no perdão dos pecados e na vida eterna, então eu sou salvo. Em virtude dessa crença, sou batizado em uma igreja, professo publicamente minha fé e assumo a responsabilidade de participar daquela comunidade contribuindo com ela com meus recursos e dons, e sou agora um cristão. Isso é verdadeiro, mas não é tudo. Posso crer em todas essas verdades bíblicas e participar ativamente de uma igreja local, porém, isso não implica, necessariamente, que sou um discípulo ou um seguidor de Cristo, ou, nas palavras do apóstolo Paulo, um imitador dele.

Encontramos muitos crentes, pastores, líderes que creem nas doutrinas certas, professam sua fé nas verdades reveladas na Bíblia, participam ativamente de suas igrejas, mas suas vidas, nem de longe, têm qualquer semelhança com a vida de Cristo, não o seguem, não o imitam, não são identificados com ele. A igreja cristã começou com uma pequena comunidade de discípulos de Cristo que ganharam o apelido de "cristãos" porque eram seus seguidores, pareciam-se com ele, viviam em obediência a ele, eram identificados com ele. Hoje vivemos uma situação inversa, na qual o que prevalece são nossos arquétipos religiosos, projetos eclesiásticos, ambições pessoais. Os cristãos vêm perdendo a identidade pessoal de sua fé; somos chamados de "evangélicos", mas é apenas uma expressão que nos identifica com um segmento do cristianismo, porém, a semelhança entre Cristo e nós é pequena, muito pequena.

O escritor e sociólogo francês Jacques Ellul (1912-1994), em seu estilo contundente e provocativo, fez a seguinte pergunta sobre o cristianismo:

> Como é que chegamos ao ponto onde o desenvolvimento do cristianismo e da igreja deu à luz a uma sociedade, uma civilização e uma cultura que são completamente contrárias ao que lemos na Bíblia, àquilo que é inegavelmente o texto da lei, dos profetas, Jesus e Paulo?[7]

Ele reconhece que o cristianismo tem sido acusado de muitos erros, crimes e decepções, bem como de buscar sempre ajustar a Bíblia às conveniências culturais ou religiosas. Suas críticas não são voltadas àquilo que a igreja crê, mas à forma como ela vive e pratica aquilo que crê.

A civilização ocidental foi construída sob a influência da herança judaico/cristã. A influência do cristianismo foi fundamental na arquitetura, medicina, educação, ciência, arte. O surgimento de universidades e hospitais, entre tantas outras contribuições, foi fruto de uma fé pessoal e comprometida com o Reino de Deus. Homens e mulheres, em

---

7 Ellul, Jacques. *The Subversion of Christianity*. (Grand Rapids: William B. Eerdmans Publishing Company, 1986): 3.

virtude do chamado de Cristo para serem seus discípulos, entregaram-se à tarefa de viver de forma piedosa e obediente ao Evangelho.

Ser discípulo implica crer, reconhecer que Jesus Cristo é o Messias, o Rei enviado por Deus para inaugurar o Reino de Deus. Ele é o Filho de Deus, que morreu na cruz pelos nossos pecados, que ressuscitou dos mortos e está assentado à direita de Deus Pai e virá um dia para estabelecer definitivamente o seu Reino. É imprescindível para qualquer discípulo de Cristo crer na Bíblia como Palavra de Deus, na presença e realidade do pecado, tanto pessoal quanto cultural. É imprescindível também que cada cristão reconheça o chamado de Cristo para segui-lo, renunciando a tudo, tomando sua cruz, afirmando que somente Cristo é o Senhor, e não a cultura. Ser discípulo ou seguidor de Cristo implica imitá-lo, aprender com sua humildade e mansidão, negar o mundo e tudo aquilo que se apresenta como antirreino e anticristo, reagindo a tudo aquilo que escraviza o ser humano criado à imagem e semelhança de Deus. O chamado para o discipulado é um chamado para uma fé pessoal, comunitária e missionária.

Quando lemos os Evangelhos percebemos que todo o ensino de Jesus tem uma natureza completamente pessoal. O Sermão do Monte nos apresenta um convite que é, ao mesmo tempo, "contracultural" — usando a expressão de John Stott — e totalmente pessoal. É o retrato da nova comunidade do Reino de Deus, cuja identidade não se dá nos projetos ou nas estruturas, mas na nova forma como nossos relacionamentos são construídos. É a comunidade dos "pobres de espírito", dos "mansos" e "misericordiosos", daqueles que perdoam, amam seus inimigos e oram por todos aqueles que os perseguem. Uma comunidade que tem "fome e sede de justiça", que é sensível e chora por si e pelos outros e cuja presença no mundo preserva (sal) e revela (luz) os propósitos de Deus para o ser humano. É a comunidade que renuncia e oferece a outra face, anda a outra milha, não revida o ultraje, abençoa os que amaldiçoam e bendiz os que maldizem.

A maneira pela qual Jesus se relaciona com as pessoas das mais diferentes classes sociais, políticas, econômicas e religiosas — com os endemoninhados totalmente alienados; leprosos, considerados imundos; prostitutas marginalizadas; coletores de impostos odiados e oficiais romanos rejeitados — revela o que ele espera do ser humano criado à sua imagem e semelhança. A forma como ele olha, toca e conversa revela a natureza pessoal do seu ministério. E, mesmo sendo manso e humilde em tudo o que fez, nunca desconsiderou o pecado e seu poder destruidor da vida e da alma humana. Ele acolhia o pecador com brandura e amor, chamando-o ao arrependimento e ao abandono daquele jeito de ser para segui-lo em um caminho de vida e liberdade. A vida importava a Cristo, daí sua grande preocupação com o pecado como força destruidora da vida e da integridade humana.

O Evangelho nos apresenta verdades evangélicas, que chamamos também de doutrinas quando sistematizadas. O chamado de Jesus é um chamado para segui-lo, mas também um chamado para crer nele e no Evangelho que ele proclama. O Evangelho de Cristo e o Cristo do Evangelho são inseparáveis. Crer em um, implica crer no outro. Não é possível seguir Cristo sem crer no Evangelho, como não é possível crer no Evangelho sem responder ao chamado de Cristo e aceitar seu convite para segui-lo. Por essa razão, a natureza do Evangelho e da fé cristã é pessoal. Quando falamos das verdades cristãs não estamos falando de um conjunto de normas, conceitos e doutrinas, mas do próprio Cristo, que é o Verbo encarnado de Deus.

4. CRIADOS À IMAGEM E SEMELHANÇA DE DEUS

Fomos criados à imagem e semelhança de Deus. Esta foi a decisão de Deus: *E Deus disse: Façamos o ser humano à nossa imagem, conforme a nossa semelhança [...] Assim Deus criou o ser humano à sua imagem, à imagem de Deus o criou; homem e mulher os criou* (Gn 1.26s). Essa é uma das declarações mais surpreendentes que encontramos na Bíblia. Nossa humanidade foi inspirada no próprio Deus.

Ser criado à imagem de Deus implica uma ética, um jeito de ser que tem no Filho de Deus encarnado sua expressão real e completa. O ser humano, em virtude da natureza de sua criação, é chamado para relacionar-se, em amor, com Deus e com toda a criação. A ética cristã é a forma como os cristãos representam Deus na criação. Por ser imagem de Deus, nossa orientação tem como ponto de partida a relação vertical com o Criador.

> A criatura humana é este ser que foi constituído por Deus junto com o resto de toda a ordem criada pela ação de Deus Pai em seu Filho Jesus Cristo e no Espírito Santo, porém constituído de uma forma distinta: ele foi criado à semelhança de Deus, enquanto que o resto da criação reflete e revela sua glória.[8]

Em Gênesis, encontramos também o relato da queda. Este mesmo ser humano, criado por Deus, escolhe desobedecer ao seu Criador, alimentado pela dúvida quanto à bondade deste. Ao invés de reconhecer na sua criação a bondade de Deus ao criá-lo à sua imagem e semelhança, o homem prefere ser, ele mesmo, deus. Essa é a natureza do pecado original.

---

8 Gunton, Colin E. *The Triune Creator* — A Historical and Systematic Study. (Grand Rapids: Eerdmans Publishing Co., 1998): 200.

Toda criação de Deus é boa — *e viu Deus que era bom*. A queda ou o pecado é a corrupção da boa criação de Deus. Uma vez que o mal é a corrupção deste "bom", com a queda, a paisagem interna do ser humano muda e, com isso, muda também a paisagem externa. Já não confiam mais em Deus. Não se veem mais com os mesmos olhos. Suspeitam da bondade de Deus. Acusam um ao outro. Seus filhos matam um ao outro. E assim segue a história humana. Em toda a história do Antigo Testamento encontramos o mesmo Deus Criador buscando trazer o ser humano de volta aos propósitos da criação. Os patriarcas, os exílios, os mandamentos, os profetas, as orações dos salmistas, as alianças, tudo revelava o amor de Deus e seu desejo de trazer esse povo rebelde de volta àquilo que o Criador pretendeu em sua criação.

No entanto, esse povo permanece como um povo rebelde e obstinado, resistindo ao convite de Deus para se relacionar com ele, gozar de sua intimidade e ter sua humanidade restaurada.

> *Quando Israel era menino, eu o amei; e do Egito chamei o meu filho. Quanto mais eu os chamava, tanto mais se afastavam de mim; sacrificavam a baalins e queimavam incenso para às imagens de escultura. Mas fui eu que ensinei Efraim a andar; tomei-o nos meus braços, mas eles não entenderam que era eu que os curava. Atraí-os com cordas humana, com laços de amor, fui para eles como quem alivia o jugo de sobre o pescoço e me inclinei para dar-lhes de comer* (Os 11.1-4).

Quanto mais Deus os amava, mais eles se afastavam de sua presença. Quanto mais se afastavam de sua presença, mais se afastavam da imagem e semelhança de Deus segundo a qual foram criados.

Deus então envia seu Filho, Jesus Cristo. O Verbo Eterno se fez carne. Deus se revela a nós em seu Filho amado, e nos revela também, em seu Filho, a humanidade que ele realizou no Éden e que foi corrompida com a queda. O apóstolo Paulo afirma que *ele é a imagem do Deus invisível, o primogênito de toda a criação* (Cl 1.15). Ele é a revelação plena da humanidade criada à imagem e semelhança de Deus.

Ele também é Deus, eternamente Deus. Aquele por meio de quem todas as coisas foram criadas e por meio de quem todas as coisas seguem existindo (cf. Cl 1.16s), a imagem exata do ser de Deus. Ele é o filho de Maria, que nasceu na manjedoura de Belém, cresceu e viveu na Palestina, andou entre nós, foi tentado como nós em todas as coisas, porém, não pecou. É aquele que, por sua obediência ao Pai, sua entrega por amor a nós na cruz do Calvário, e sua ressurreição dentre os mortos, recebeu o poder e a autoridade para nos perdoar, libertar e salvar, e nos comissionar para ir pelo mundo fazendo discípulos dele, convidando homens e mulheres a se submeterem ao seu reino e governo.

Jesus inicia o seu ministério convidando homens e mulheres ao arrependimento e à fé: "*Arrependam-se e creiam...*" Muitas vezes, somos levados a pensar que Jesus tinha em mente apenas convencer seus ouvintes a deixar o adultério, a mentira e outras práticas imorais que os seres humanos costumam fazer. Jesus pretendia muito mais. Era como se ele dissesse: "Deixem de ser o ser humano que vocês são e tornem-se no ser humano que Deus quer que vocês sejam". Melhor dizendo: "deixem de ser o povo de Deus que vocês são, e tornem-se o povo de Deus que Deus quer que vocês sejam".

O problema não estava em uma ou outra conduta imoral, mas em toda a pessoa. Crer em Cristo é reconhecer que ele é o Filho de Deus, o Salvador, o Messias e Rei que veio para reinar eternamente, mas ele é também o ser humano perfeito, o verdadeiro homem, o segundo Adão, o primeiro fruto da nova criação. Arrepender-se, crer nele e segui-lo é reconhecer que nos afastamos drasticamente do propósito do Criador, que Cristo é a "imagem" do Deus invisível e o primogênito, o primeiro fruto, de uma nova criação, e buscar imitá-lo em sua humanidade real e verdadeira.

Jesus teve compaixão dos que se encontravam perdidos. Amou, inclusive seus inimigos. Confiou no Pai Eterno até o fim. Foi misericordioso, paciente, manso e humilde em todos os seus relacionamentos, sofrimentos e decepções. Agiu com justiça e denunciou o mal e a hipocrisia. Foi fiel e obediente a Deus até a sua morte. Abençoou todos os que o amaldiçoaram. Orou pelos que o caluniaram. Tocou aqueles que ninguém tocava. Acolheu crianças, mulheres, enfermos e todos os que eram rejeitados pela cultura do seu tempo. Sendo Deus, escolheu ser um humano como nós. Voluntariamente, esvaziou-se e tornou-se servo entre os homens. Nunca ambicionou o poder. Anunciou a chegada de um novo mundo, o Reino de Deus. Com sua morte e ressurreição, ele se apresentou aos seus discípulos e afirmou ter recebido toda a autoridade nos Céus e na Terra. Ele é o Rei, e seu Reino jamais terá fim.

Jesus não foi simplesmente um bom homem. Ele é o Homem. Ele não apenas nos deixou bons exemplos a serem seguidos, mas nos trouxe a redenção, o perdão dos pecados, a reconciliação com Deus. Ele é a expressão exata, plena e completa daquilo que Deus espera da sua criação. Ele veio para resgatar nossa humanidade corrompida. O apóstolo Paulo afirma que somos "nova criatura" em Cristo. Jesus é o "primogênito" — primeiro fruto dessa nova criação. Nós, quando damos o nosso sim a Cristo, reconhecemos que ele é o Salvador e Senhor, que sua morte na cruz do Calvário atendeu plenamente a justiça divina e nos reconciliou com Deus. Por sua ressurreição, ele venceu o mal, o pecado e a morte e, agora, inaugurou o novo mundo de Deus. Com toda a autoridade que lhe foi conferida nos Céus e na Terra, ele nos chama para sermos seus discípulos e seguidores e nos submetermos ao seu governo. Seguir Cristo é caminhar em direção ao propósito de Deus ao nos criar à sua imagem e semelhança.

5. A PESSOALIDADE DA FÉ E DO MINISTÉRIO DO APÓSTOLO PAULO

O apóstolo Paulo é o grande teólogo da igreja, o primeiro que se empenhou em organizar, sistematizar e estruturar as doutrinas cristãs. Suas cartas orientando, corrigindo, admoestando e fortalecendo as igrejas e os filhos na fé formam um precioso legado que deu forma à teologia da igreja cristã. Temos uma dívida impagável para com este grande apóstolo de Cristo. Sua luta e seu esforço incansáveis em resistir aos falsos apóstolos e pastores que invadiam as igrejas, seduzindo e corrompendo cristãos imaturos, sua resistência aos judaizantes que insistiam em negar a graça de Jesus Cristo e a liberdade cristã, seu intenso trabalho enfrentando as influências culturais com suas práticas pagãs e falta de ética fizeram dele um defensor da verdade revelada em Cristo.

O problema surge quando olhamos para Paulo apenas como um grande teólogo e apologeta, e não reconhecemos a forma profundamente pessoal e apaixonada com que ele se envolve com o chamado de Cristo para segui-lo e imitá-lo. Ele foi um cristão que soube, como poucos, integrar a teologia com a oração, a doutrina com a vida, a mente com o coração. Ele não usava seu conhecimento como meio de afirmação, mas como fundamento de sua própria experiência, e esta como um testemunho real da verdade que ensinava. A oração, a teologia e a prática pastoral e missionária caminhavam juntas, podemos perceber isso claramente em seus escritos. Suas cartas estão repletas de orações, teologia, orientação pastoral, testemunho missionário e amor para com a igreja. Ele se apresentava como uma "carta viva" e trazia no seu corpo "as marcas de Cristo". Sua autoridade apostólica era decorrente de sua profunda identificação com a cruz de Cristo, pela qual ele se via crucificado para o mundo e o mundo para ele e não com qualquer estrutura religiosa, título eclesiástico ou acadêmico.

Sua conversão dramática, sua entrega radical a Cristo, seu ministério pastoral e missionário intenso e apaixonado, suas cartas carregadas de conteúdo e emoção, e seu testemunho pessoal refletem uma longa caminhada de fé cujo maior anseio era "conhecer Cristo", não apenas ter conhecimento "sobre Cristo". Para ele, conhecer Cristo não significava apenas ter informação sobre sua vida e obra, ou mesmo fazer estudos teológicos com mestrados e doutorados sobre seu ensino, mas relacionar-se com ele, amá-lo, entregar-se a ele, unir-se a ele em uma comunhão de amor e devoção, e, por fim, ser semelhante a ele. Para Paulo, estar com Cristo é sempre "incomparavelmente melhor".

Por causa do seu desejo de prosseguir no caminho da maturidade e santidade, ele considerava tudo, inclusive sua competência e suas habilidades, seu passado no judaísmo, sua formação acadêmica, seu zelo para com a lei e seu compromisso religioso como *perda, por causa da sublimidade do conhecimento de Cristo Jesus...* (Fp 3.8). Diante da sublimidade do conhecimento de Cristo, todas as outras conquistas tornavam-se insignificantes e pálidas. O que ele mais desejava era *ser achado nele* (Cristo), *não tendo justiça própria, que procede de lei, mas aquela que é mediante a fé em Cristo, a justiça que procede de Deus, baseada na fé. O que eu quero é conhecer Cristo e o poder da sua ressurreição, tomar parte nos seus sofrimentos e me tornar como ele em sua morte, para, de algum modo, alcançar a ressurreição dentre os mortos* (Fp 3.9-11). Por causa disso, esta era sua filosofia de vida: ... *esquecendo-me das coisas que ficam para trás e avançando para as que estão diante de mim, prossigo para o alvo, para o prêmio da soberana vocação de Deus em Cristo Jesus* (Fp 3.13s). Não permitia que seu passado com suas glórias ou as culpas pelas atrocidades que cometeu contra os cristãos antes de sua conversão, nem mesmo as ansiedades em relação ao futuro diante das perseguições e sofrimentos que enfrentava, determinassem sua vida. Seu projeto de vida era claro e todo seu esforço era direcionado para aquele fim.

É sobre esse caráter pessoal da fé em Cristo na vida do apóstolo Paulo que quero me deter daqui para frente. Minha intenção em considerar a natureza humana de Jesus, a dinâmica pessoal da vida e do ministério de Paulo e seu desejo deliberado, consciente e intencional de se tornar cada vez mais semelhante a Cristo, é mostrar que o propósito de Deus para nossa redenção não se reduz a uma certeza de perdão dos nossos pecados e da garantia de salvação eterna, mas gera uma transformação profunda e radical de nossa humanidade, à imagem e semelhança da humanidade de Cristo. Outra razão para esse pequeno esforço é a crescente ênfase dada ao aspecto pragmático e funcional da fé cristã na cultura pós-moderna. Uma ênfase que vem comprometendo a beleza e a riqueza do testemunho de Cristo, sua humanidade real e verdadeira e seu convite para sermos seus discípulos, que vem sendo substituído por programas e projetos eclesiásticos. Cada vez mais, os cristãos vêm trocando a pessoalidade do Evangelho pela eficiência do ministério; a sublimidade de Cristo pelo diploma acadêmico; o relacionamento pessoal com Deus e com a comunidade da fé por diferentes formas de entretenimento religioso.

Quero focar minha reflexão em uma expressão do apóstolo Paulo que, de um lado, reflete o caráter absolutamente pessoal de sua vida e ministério e, por outro, provoca um enorme desconforto a todos os cristãos funcionais pós-modernos.

PAULO E SEU CONVITE PARA IMITÁ-LO

Uma das marcas da vida pós-moderna é o individualismo que leva o ser humano a afirmar o direito sagrado de sua autorrealização e da busca ansiosa pelo sucesso. Isso tem levado muitos cristãos a desenvolverem uma agenda fortemente marcada pelo ativismo, que intensifica o grau de alienação afetiva e pessoal.

O Dr. James Houston descreve o resultado dessa alienação com as seguintes palavras:

> Assim também, quando os líderes cristãos desenvolvem um forte ativismo em suas vidas, acabam aumentando o grau de irrealismo em seus relacionamentos, pois passam a estar ocupados demais para cultivar relações mais profundas, e até para perceber a importância dessas relações para sua maturidade pessoal. A solução mais rápida é suprimi-las, trabalhando ainda mais, tendo uma agenda bem cheia. Isso permite que a pessoa fuja de uma honestidade interior e negue completamente a importância da vida interior.[9]

Esse estilo de vida reduz a vida cristã a uma sucessão de experiências privadas, a convicções desconectadas da realidade e a um ativismo impessoal. Faz com que líderes transformem seus ministérios em uma carreira profissional, na qual o sucesso determina seu valor e significado.

Sabemos que o significado da vida humana não pode ser medido pela agenda cheia ou pelo sucesso. O pregador de Eclesiastes nos alerta quanto a isso. Ele mesmo tentou preencher sua vida com trabalho, riqueza, poder, mulheres, prazeres, busca do conhecimento e da sabedoria, e descobriu que tudo era vaidade. Era como querer segurar o vento com as mãos. A vida é muito mais do que o sucesso profissional, do que uma igreja cheia e uma agenda abarrotada de projetos,

---

[9] Houston, James. "A liderança cristã e a tendência narcisista", in: Valdir Steuernagel e Ricardo Barbosa (eds.), *Nova liderança: Paradigmas de liderança em tempo de crise*. (Curitiba: Esperança, 2017): 137-138.

conhecimentos e diplomas. Podemos ter tudo isso e permanecer frustrados e confusos.

A vida concebida dessa forma é apenas um meio de fugir de Deus, de nós mesmos e da morte. Para nos sentirmos mais plenos em relação à vida, precisamos estar plenamente conscientes do significado de nossa existência. Santo Agostinho, em sua busca por Deus, afirma:

> Movido por estas coisas a voltar-me para mim mesmo, recolhi-me no meu interior, guiado por Deus, e pude fazê-lo porque ele foi minha ajuda. Entrei e vi luz dirigida aos meus olhos interiores e acima da minha mente... Quem conhece a verdade, sabe como é essa luz; e quem sabe como é, conhece a eternidade... Ela é o meu Deus; por ela suspiro dia e noite...[10]

A busca pelo significado mais pleno da vida deve nos levar à natureza mais primária da existência. Foi isso que levou Agostinho a buscar Deus e, ao encontrar-se com Deus, encontrar-se consigo. Esse duplo conhecimento, de Deus e de nós mesmos, constitui a razão primária de nossa existência.

O problema é que temos buscado significado por meio das coisas externas e não internas, nas realizações e não nos relacionamentos. Uma proposta de vida assim pode nos levar a um desespero e uma alienação cada vez maiores, uma vez que nos afastamos do que é real e verdadeiro e nos entregamos à vaidade e a tudo aquilo que desaparece no ar. Agostinho também trilhou esse caminho, mas reconheceu que não o conduzia ao que ele intimamente buscava:

> Tarde te amei, Beleza tão antiga e tão nova, tarde te amei! Tu estavas dentro de mim e eu te buscava fora de mim. Como um animal, lançava-me sobre as coisas belas que tu criaste. Tu estavas comigo, mas eu não estava contigo. Mantinham-me atado, longe de ti, essas coisas que, se não fossem sustentadas por ti, deixariam de ser.[11]

---

10 Agostinho, Santo. *As Confissões*. 2ª ed. (São Paulo: Quadrante, 1989): 114, 115.
11 Ibid., p. 191.

Ele reconhece que, buscar um sentido para a vida fora de Deus, nas coisas que ele criou ou mesmo em uma atividade, por mais altruísta que seja, acaba sempre nos levando para longe dele e de nós mesmos. O chamado de Deus é para um relacionamento pessoal com ele, é por isso que Agostinho prossegue dizendo:

> Chamaste-me, gritavas-me, rompeste a minha surdez. Brilhaste e resplandeceste diante de mim, e expulsaste dos meus olhos a cegueira. Exalaste o teu espírito e aspirei o seu perfume, e desejei-te. Saboreei-te, e agora tenho fome e sede de ti. Tocaste-me, e abrasei-me na tua paz.[12]

O ser humano precisa compreender a verdade que revela o propósito real de sua existência. O caminho da realização humana ou da maturidade não é alcançado quando nos preocupamos apenas com os aspectos externos, funcionais ou pragmáticos da vida, nem mesmo com a realização profissional, é preciso reconhecer a natureza básica e primária da vocação humana, e é isso que o apóstolo Paulo, no primeiro século, e Agostinho, quatro séculos depois, buscam compreender.

Uma das expressões do apóstolo Paulo que sempre me chamou a atenção foi sua afirmação enfática, corajosa e repetida: *Sede meus imitadores, como também eu sou de Cristo*. Ela sempre me incomodou, não porque não conseguia compreender o que significava, mas porque nunca me senti muito à vontade para fazer uma afirmação assim. Na verdade, sempre achei um tanto presunçoso, talvez até mesmo arrogante, alguém fazer tal declaração. Sair por aí dizendo: *Sede meus imitadores, como também eu sou de Cristo*, nunca me soou muito bem. Quem sou eu para fazer uma declaração tão séria e comprometedora?

No entanto, aceitá-la da boca de Paulo nunca me pareceu muito difícil. Afinal ele foi um dos apóstolos mais influentes

---

12 Ibid.

do cristianismo. Teve um encontro dramático com Cristo. Ouviu a voz do Senhor. Suas cartas foram inspiradas e estão inseridas no texto sagrado. Viveu como poucos uma vida de intensa consagração, serviço e dedicação a Cristo. Dedicou-se até a morte à igreja e ao Reino de Deus. Uma pessoa com as credenciais de Paulo poderia afirmar com razoável segurança: *Sede meus imitadores, como também eu sou de Cristo*. No entanto, como alguém com as minhas credenciais conseguiria fazer tal afirmação sem parecer arrogante ou presunçoso?

Uma das razões para a minha dificuldade em fazer uma declaração semelhante é a distância entre a proposta de Cristo para o discipulado e o modelo de vida cristã herdado da modernidade. O racionalismo produziu uma fé fundamentada apenas nas convicções. Ser um cristão é ter convicções cristãs. Essas convicções oferecem as certezas de que necessitamos, como perdão dos pecados e vida eterna. Já na pós-modernidade, além das convicções, que para alguns já não são tão importantes, temos também as experiências e sensações, sempre em um âmbito privado.

Convidar alguém para partilhar das mesmas convicções que tenho é bem mais simples do que convidar alguém para imitar a forma como vivo. O mesmo acontece com as experiências e sensações privadas. O convite de Paulo vai além das convicções e experiências. A fé, para Paulo, não se limita às profundas e sólidas convicções que ele possui, nem repousa nas inúmeras experiências vividas por ele, mas em seu desejo sincero de ser conformado à imagem de Cristo.

Como disse, o convite de Paulo aos seus leitores para que fossem seus imitadores aparece com bastante frequência em suas cartas. Além de 1 Coríntios 11.1, que já mencionei, na mesma carta, ele exorta os cristãos dizendo: *Portanto, eu peço a vocês que sejam meus imitadores* (1Co 4.16). Escrevendo aos filipenses, ele diz: *Irmãos, sejam meus imitadores e observem os que vivem segundo o exemplo que temos dado a vocês* (Fp 3.17) e, na mesma carta, reafirma: *O que também aprenderam, receberam e ouviram de mim, e o que viram em mim, isso ponham em prática; e o Deus da paz estará com vocês* (Fp 4.9). Na sua Primeira Carta aos Tessalonicenses, ele declara: *E vocês se tornaram nossos imitadores e do Senhor...* (1Ts 1.6) e, na Segunda Carta aos Tessalonicenses, ele volta a repetir: *Porque vocês mesmos sabem como devem nos imitar...* (2Ts 3.7).

Em todos esses textos e outros, nos quais em uma linguagem não tão direta ele repete o mesmo convite para imitá-lo, seguir o modelo e o padrão de vida que levava, Paulo deixa clara uma verdade: o caráter essencialmente pessoal de sua fé e ministério. Esses convites nos levam a reconhecer que, para Paulo, o que importava não eram os métodos, os projetos, a eficiência ou os resultados pragmáticos do seu trabalho, mas a forma como vivia, seu caráter, seus relacionamentos e a natureza absolutamente pessoal de sua fé.

O que vemos é que a vida e o ministério de Paulo tinham uma dinâmica pessoal. Ele era, antes de tudo, um seguidor obediente de Cristo. Um discípulo devotado ao seu Mestre. Um imitador da vida e da obra de Cristo. Não apenas aquilo que ele cria, mas sua conduta social, moral, ética e devocional são expostas a toda a comunidade de crentes. As convicções, o jeito de viver, valores, prioridades, espiritualidade, tudo na vida de Paulo era um reflexo da vida de Cristo. Por isso ele convidava seus irmãos e irmãs a olharem para ele, considerarem o exemplo que viam nele, no seu trabalho e sofrimento, porque tudo apontava para Cristo. Paulo não era um cristão cujas convicções ou experiências sobressaíam-se mais do que a vida, ou daqueles que têm grande orgulho de sustentar, defender e, até mesmo, brigar pela sã doutrina, mas que não conseguem dar visibilidade a ela com a vida.

Para muitos cristãos modernos, a conversão significa apenas uma mudança de convicções. Para ser crente basta crer em Cristo como Filho de Deus, que morreu pelos nossos pecados, ressuscitou ao terceiro dia, nos perdoa, nos reconcilia com Deus e nos dá a certeza da vida eterna. Se crermos nisso, estamos salvos. Para outros, a identidade cristã é afirmada na sua identidade institucional e na cultura construída dentro dessa instituição. Todavia, é necessário considerar que o convite de Cristo não foi apenas para que crêssemos nas doutrinas corretas, ou mesmo para que tivéssemos uma identidade religiosa institucional, mas para que o seguíssemos no caminho do discipulado, imitando-o e sendo transformados à sua imagem e semelhança.

Ter convicções corretas é necessário, na verdade é indispensável, mas não é suficiente. Talvez seja essa a razão do desconforto da declaração de Paulo. Somos capazes de convidar os outros para crerem nas mesmas verdades que cremos, mas não os convidamos para imitarem a forma como vivemos. Convidamos para que participem da mesma realidade religiosa que vivemos, com seus programas, encontros, atividades e tradição, mas isso ainda não representa a natureza do convite de Paulo. Convidamos para que creiam em Cristo e olhem para ele — ele, sim, é o modelo por excelência de vida e devoção, nele não corremos o risco de ser decepcionados ou frustrados. No entanto, não queremos correr o risco de pedir para alguém que olhe para nós.

Ter uma identidade cristã fundamentada em uma cultura religiosa dentro de uma determinada instituição tem seu valor, mas também não é suficiente. A cultura religiosa criada dentro das instituições produz certo jeito de viver, cria comportamentos, algumas vezes, saudáveis. Envolvem-nos em programas e atividades que, em si, são bons e, muitas vezes, até nobres, mas não nos fazem seguidores-imitadores de Cristo.

Paulo tinha convicções corretas e lutava por elas. Paulo estava profundamente envolvido com a comunidade cristã e trabalhava arduamente para dar uma identidade a ela. Paulo trazia consigo sua bagagem cultural e religiosa. No entanto, além das convicções corretas e do envolvimento e trabalho com as igrejas de sua tradição, Paulo procurava ter também um relacionamento, uma ética e uma moral que refletiam a humanidade real e verdadeira de Cristo. Além da sã doutrina, Paulo tinha uma espiritualidade saudável, um relacionamento com Deus e com o próximo que refletia a saúde de sua fé. Paulo era um seguidor de Cristo convicto e assumido.

Por outro lado, sabemos que Paulo era um homem como qualquer outro, sujeito às mesmas fraquezas, que se considerava um pecador como qualquer um de nós. Na verdade, considerava-se o pior de todos os pecadores. Enfrentou conflitos internos e externos, aborreceu-se com amigos que o abandonaram, sentiu-se frustrado e revoltado com a rejeição que sofreu por parte da igreja, precisou defender sua autoridade pastoral e apostólica, passou por prisões, açoites e naufrágios. E teve que confrontar Pedro e resistir-lhe "face a face" porque "tornara-se repreensível".

A vida de Paulo não foi tranquila, muito pelo contrário. Ele não se apresenta como um "modelo", sugerindo certa superioridade, assim como não convida os outros a imitá-lo por achar que é mais santo ou puro que os demais. O seu convite, como veremos, apenas revela a natureza pessoal e comunitária de sua vida e ministério.

A humanidade de Cristo precisa encontrar-se com nossa humanidade. Melhor, nossa humanidade precisa ser convertida à humanidade de Cristo. A encarnação do Verbo de Deus revelou-nos o propósito de Deus para a vida humana. O chamado de Jesus para o "arrependimento e fé" é um chamado para deixarmos o nosso jeito de viver para viver do jeito que

Deus planejou desde o início. A criação continua sendo a boa obra de Deus. A queda continua sendo a corrupção daquilo que Deus criou no Éden.

Fomos criados por Deus e para Deus. Fomos criados à imagem e semelhança de Deus. O chamado para a comunhão é o sinal visível da criação. Ser imagem e semelhança do Deus trino da graça é viver em eterna amizade com ele e com o próximo e participar de sua missão no mundo. A queda corrompeu essa imagem. A alienação, a acusação e o rompimento é que definem o pecado. Nós nos separamos de Deus, passamos a suspeitar uns dos outros e acusar um ao outro e, por fim, destruir e matar. A encarnação do Filho de Deus é a restauração do propósito de Deus. É a presença do "segundo Adão" entre nós reafirmando o propósito da criação.

Cristo é o Filho de Deus encarnado, o Messias enviado por Deus para salvação e redenção de todos aqueles cuja identidade foi corrompida pelo pecado e que, em arrependimento e fé, voltam-se para Deus por meio de Cristo. Ele é aquele que morreu na cruz pelos nossos pecados e ressuscitou para nossa esperança de vida real e eterna. Entretanto, além de ser "verdadeiro Deus", é também "verdadeiro homem", e sua humanidade nos convida a experimentar a plenitude da vida à medida que participamos da comunhão com ele.

A dificuldade que nós, cristãos pós-modernos, temos com essa declaração de Paulo, não está apenas no sentimento de inadequação, seja por falta de coragem, ou mesmo por falta de convicção, ou, quem sabe, por achar que não somos uma imitação confiável de Cristo. De certa forma, todos nós nos achamos inadequados para dizer: "seja meu imitador". Não nos consideramos exemplos confiáveis e conhecemos, com certo realismo, nossas limitações e pecados. Parece-me que a dificuldade está em outro patamar que requer uma análise mais sincera e corajosa.

A QUEM IMITAMOS?

O problema, a meu ver, não está aí, mas na complementação da declaração: "...como sou de Cristo". Paulo se apresenta como um "modelo" a ser imitado não por sua autoconsciência de superioridade, mas pela segurança de que, ao imitá-lo, estaríamos caminhando em direção a Cristo, não em sua direção. O fim não é sermos como Paulo, mas como Cristo. Isso faz uma enorme diferença.

Existem muitos líderes, religiosos ou não, que levam multidões a imitá-los, vestindo as mesmas roupas, falando do mesmo jeito, usando os mesmos métodos, frequentando os mesmos lugares, cantando as mesmas músicas, gostando dos mesmos *hobbies*, etc. Não é para isso que Paulo nos convida. Não é esse tipo de modelo que ele pretende ser. Ele não convida ninguém a vestir as mesmas roupas que ele, a abraçar seus métodos, mas a imitar a mesma pessoa que ele imita, a ser um exemplo da grandeza e beleza humanas que ele encontra em Cristo.

Alguns anos atrás, em um dos encontros do Projeto Grão de Mostarda[13], tivemos a alegria de ter conosco o Dr. James Houston, fundador do *Regent College* em Vancouver, Canadá, e professor de teologia espiritual naquela instituição, que chegava para mais uma temporada de cursos e palestras. Naquele encontro ele falou sobre o tema da *Imago Dei*, começando pela declaração de Gênesis 1.26, segundo a qual fomos criados à "imagem e semelhança" de Deus. Seguindo pela história, no sábado pela manhã, em sua última palestra, ele falou sobre esse tema na perspectiva de Paulo e explorou com profundidade o convite do apóstolo para sermos seus imitadores como ele era de Cristo.

---

[13] O Projeto Grão de Mostarda é um programa de formação espiritual para líderes jovens no qual, durante três anos, o grupo participa de retiros de formação bíblica e prática da oração.

Depois de sua palestra no sábado pela manhã, saímos para conversar um pouco e, no meio de nossa conversa, comentei com ele a minha dificuldade de afirmar o que Paulo afirmou tantas vezes: *Sede meus imitadores...* Além de não me considerar um modelo confiável, não tinha também a menor necessidade nem disposição de me afirmar como tal. Não me sentia qualificado e nem disposto a ser modelo para ninguém. Foi no meio dessa conversa que ele, com muita serenidade, mas de forma objetiva me fez a pergunta que mudou radicalmente minha forma de interpretar e responder ao convite de Paulo. A pergunta foi: "Se você não imita Cristo, então quem você imita?"

Essa pergunta me perturbou. Fiquei sem saída. Se, por um lado, resistia a qualquer possibilidade de me colocar como exemplo para quem quer que seja, essa pergunta me levou para o outro lado da questão. O problema não era ser modelo para os outros, mas quem modelava a minha vida ou quem eu imitava. Como já disse, nunca nutri qualquer interesse que alguém olhasse para mim como exemplo de marido, pai, pastor, ou qualquer outra coisa; achava, e ainda acho, que cada um deve encontrar sua própria maneira de responder a esses papéis, uma vez que são únicos. Corremos o grave risco de querer impor sobre os outros um jeito de ser e não um caminho a seguir; uma regra de vida e não uma pessoa para ser imitada.

Reconheço também que, durante toda a minha vida, eu me identifiquei com aqueles que dizem: "Não olhe para mim, olhe para Cristo"; "Os homens são imperfeitos, Cristo é perfeito"; "Os homens certamente irão decepcioná-los, mas Cristo jamais"; "Nunca confiem nos homens, apenas em Cristo". Essas respostas me pareciam perfeitas, pois elas mantinham os olhos das pessoas voltados para Cristo, o que era correto e justo, evitando que olhassem para mim e para tantos outros líderes e pastores imperfeitos, pecadores, narcisistas; alguns corruptos e enganadores. A fórmula era perfeita e biblicamente sustentável. Exaltava Cristo e me mantinha no meu lugar. No entanto, era também conveniente, pois me mantinha longe do chamado para uma fé pessoal e um relacionamento transformador.

Contudo, o apóstolo Paulo foi categórico: *Sede <u>meus imitadores</u>, como também eu sou de Cristo* (grifo meu). Ele mantinha Cristo como alvo final de sua vida e se apresentava como alguém que estava a caminho. Ele não afirma: "Imitem a Cristo e evitem olhar para mim", pelo contrário, sua afirmação é enfática: *Sede meus imitadores...* É aqui que encontramos o testemunho eloquente de fé, ministério e vida carregados de pessoalidade. Ele não se esquiva. A fé, para Paulo, era uma realidade pessoal, envolvia toda a sua vida e toda a sua existência, não havia nada em sua vida em que o poder e a graça de Deus não tivessem penetrado e transformado. Sobretudo envolvia uma pessoa que ele amava e a quem buscava imitar. Ele não sugere que seus leitores vivessem o que ele ensinava e que ignorassem o que ele era ou como vivia. O ensino e a vida de Paulo eram inseparáveis. Ele não se escondia atrás da academia, não se refugiava nos diplomas e não fazia da teologia apenas uma arma para defender suas convicções. Paulo também não usava a sua eficiência ou eloquência para dar visibilidade ao seu ministério, como é comum entre nós. Não convidou ninguém a imitar seu sucesso ou sua competência. Não estava preocupado em levar pessoas a visitarem suas igrejas a fim de verem e testemunharem suas habilidades com as técnicas de crescimento eclesiástico ou seus métodos administrativos. Seu convite tinha um caráter absolutamente pessoal: "imitem a mim porque eu imito Cristo".

A conversa com o Dr. Houston prosseguiu. Ele continuou dizendo que o contexto em que Paulo faz essa afirmação (1Co 11.1) trata da idolatria. Ele estava falando a cristãos, como você e eu, e falava sobre os riscos da idolatria. Temos a tendência de considerar a idolatria apenas em termos de uma atividade religiosa ou litúrgica, com suas divindades e imagens. No entanto, ao perguntar: "Se você não imita Cristo, então quem você imita?", ele apontou para uma forma de idolatria que eu nunca havia considerado, a negação da imagem e semelhança na qual fui criado. Ele continuou afirmando: "Se você não imita Cristo, significa que é um idólatra". Fazia sentido. Se a minha vida não era um reflexo de Cristo, a quem ou o que ela então refletia?

Refletimos aquilo que amamos

Sabemos que a vida não existe como uma realidade autocriada. Fomos criados por Deus à sua imagem e semelhança, essa é a afirmação fundamental e básica do cristianismo. Deus nos criou homem e mulher, cada um com sua singularidade, com razão e vontade, com capacidade de amar e ser amado, com liberdade para escolher e desejar, com habilidades para trabalhar e cuidar da criação. Deus nos criou com um corpo e nos fez parte do mundo criado por ele. Não podemos reduzir o ser humano a uma simples matéria. Uma vez que fomos criados à sua imagem e semelhança, fomos criados para nos relacionar com Deus, adorando-o e amando-o, e a nos relacionar com o próximo. São os nossos desejos e anseios, gostos e vontades, escolhas, comportamentos e relacionamentos que nos impulsionam, expressam nossa natureza, refletem e moldam aquilo que somos. A vida de cada ser humano é o reflexo de tudo isso, nós somos um espelho daquilo que desejamos ou daquilo que amamos. Se o que mais amamos é o ministério ou o trabalho, a busca pelo status ou sucesso, a competência, o poder ou dinheiro, iremos refletir isso com a nossa vida. Nossas ideias ou ideologias com muita frequência transformam-se em ídolos e, em vez de refletirmos Cristo, refletimos essas ideologias, muitas vezes, religiosas e bem-intencionadas, a ponto de nos tornamos capazes de brigar por elas e negar o chamado de Cristo para segui-lo e imitá-lo.

Muitos cristãos modernos idolatram modelos, estruturas, projetos e programas. Ouço muitos líderes e pastores frustrados porque a igreja "não comprou minha visão". Valorizamos o meio porque ele garante o sucesso. Vivemos a idolatria das visões pessoais, dos modelos funcionais, da obsessão pelo sucesso, da necessidade de reconhecimento, das ferramentas tecnológicas, da busca por relevância. É comum encontrar igrejas que são verdadeiras grifes religiosas. Ser membro delas garante o status dos seus frequentadores. Encontramos crentes encantados com suas igrejas, com o estilo do seu pastor, com a performance da equipe de louvor. Músicos que se comportam como celebridades, pastores e líderes que se dedicam a construir pequenos reinos nos quais são paparicados e exaltados.

A busca moderna pela autorrealização é outra forma de idolatria, a idolatria do ser narcisista. A razão pela qual os homens decidiram construir a Torre de Babel foi para que seus nomes fossem lembrados e se tornassem famosos (Gn 11.4). Essa é a parábola da humanidade pós-moderna; basta ligar a televisão, abrir qualquer revista, ouvir as pregações de muitos pastores, as orientações de muitos terapeutas, ver as propagandas, que a mensagem é sempre a mesma: "Você merece, você pode, você precisa, você tem que...", e por aí vai.

É assim que o sociólogo francês Gilles Lipovetsky descreve nossa cultura narcisista:

> Vitrines rutilantes de mercadorias nas publicidades resplandecentes de sorriso, do sol das praias nos corpos de sonho, de férias com divertimentos midiáticos, é sob os traços de um hedonismo radiante que se mostram as sociedades opulentas. Por toda parte se erguem as catedrais dedicadas aos objetos e aos

lazeres, por toda parte ressoam os hinos ao maior bem-estar, tudo se vende com a promessa de volúpia, tudo se oferece como primeira qualidade e com música ambiente difundindo um imaginário de terra da abundância. Nesse jardim de delícias, o bem-estar tornou-se deus, o consumo, seu templo, o corpo, seu livro sagrado.[14]

"Aproveitar a vida" tornou-se o mandamento da vida moderna. Todos precisam aproveitar todas as oportunidades, todos os prazeres, todas as experiências. O grande problema é que o volume de possibilidades é proporcional à intensidade das frustrações. Quanto mais alta for a torre individual do sucesso e do prazer, maior será o nível de insatisfação, miséria e alienação. Nunca tivemos tanto e nunca fomos tão infelizes. A necessidade vital de "aproveitar a vida" rouba do ser humano qualquer esperança futura, tudo se resume no agora, e a busca contínua de satisfação imediata transforma-se na nova religião da autorrealização. O eterno esforço de subir a escada rolante pelo lado que desce.

Na apresentação da última capa do livro *Felicidade Paradoxal*, de Lipovetsky, afirma-se o seguinte:

> Na nova religião da contínua melhoria das condições de vida, o bem-estar tornou-se uma paixão de massa, o objetivo supremo das sociedades democráticas... O espírito de consumo infiltra-se nas relações do consumidor com a família, com o trabalho, com a religião, com a política, com o lazer. Vivemos numa espécie de império do consumo em tempo integral... Mas a felicidade que daí resulta, é uma felicidade ferida.[15]

Não é isso que vemos em nossas igrejas? Não é esse o resultado de um cristianismo impessoal, consumista e narcisista? Por que existe hoje tanta gente "decepcionada com Deus"?

---

14 Lipovetsky, Gilles. *A Felicidade Paradoxal: Ensaio Sobre a Sociedade de Hiperconsumo*. (São Paulo: Companhia das Letras, 2006): 153.
15 Ibid, quarta capa.

O consumo é o grande deus das sociedades pós-modernas. É o deus que consegue unir ricos e pobres em uma tensão constante. Ao mesmo tempo em que todos buscam sua realização, cresce a desilusão, o desencanto e a frustração. O que impulsiona todos é o desejo eternamente irrealizável da autorrealização. O grande ídolo das massas não é mais o desejo revolucionário ou as grandes utopias, mas a busca contínua pelo conforto e pelo prazer.

Esses deuses das sociedades pós-modernas encontram-se onipresentes nas mentes e nos anseios dos cristãos e ocupam os altares dos nossos templos. Pastores reivindicam para si e seus fiéis o direito, preferencial inclusive, sobre os bens de consumo. Segundo alguns afirmam, fomos criados para ser "cabeça e não cauda", em uma referência clara da cadeia de consumo, seja o consumo pelo poder (devemos ser cabeças nas empresas em que trabalhamos), seja no consumo de bens (melhores carros, casas, viagens). O maior sinal da bênção do deus deste século é a prosperidade econômica e o bem-estar material.

Quando Paulo convida seus leitores a serem seus imitadores e a observarem aqueles que andam segundo o modelo que encontram nele (cf. Fp 3.17), não há referência alguma a um modelo pragmático, funcional ou técnico. Paulo não está se referindo a algum projeto que deu certo, a um ministério bem-sucedido, a uma estrutura eclesiástica bem estruturada, mas à sua própria vida, seus relacionamentos, sua fidelidade e integridade, seu amor, compaixão, entrega e sofrimento. Era isso que precisava ser imitado e observado. Era isso que ele via em Cristo, era isso que ele gostaria de ver em si e no povo de Cristo.

O salmista, no Salmo 115, não só condena, como ridiculariza a prática da idolatria, descrevendo com ironia a natureza morta e impessoal de um ídolo. No entanto, o que chama a atenção em sua descrição é a afirmação no versículo 8 que diz: *Tornem-se semelhantes a eles os que os fazem e todos os que neles confiam.* O ídolo, por si só, não é nada, é apenas um pedaço de pedra ou madeira esculpido. O problema está naqueles que o adoram, pois à medida que eles se inclinam para adorá-lo, amá-lo e depositar sua confiança neles, vão se tornando, cada vez mais, semelhantes a eles. Não precisamos ir longe para constatar isso. Aqueles que amam o dinheiro, o poder, o sucesso, o trabalho, a pornografia e tantas outras coisas, cedo ou tarde, tornam-se um reflexo daquilo que amam.

O tema da *Imago Dei* está intimamente relacionado com a busca humana por identidade e significado. Jesus disse que o coração do ser humano está onde está o seu tesouro. Se entendermos o coração como a expressão da natureza mais íntima e real do ser humano, sua identidade é determinada por aquilo que ele dá mais valor. Somos aquilo que amamos.

A idolatria corrompe a identidade e confunde o significado. No entanto, o problema da idolatria no mundo pós-moderno não é de caráter religioso, mas psicológico e sociológico. O deus da civilização pós-moderna é o *self*; a busca pela autorrealização, autossatisfação e todas as outras "autos" possíveis que se transformaram na grande obsessão.

> A vida no presente tomou o lugar das expectativas do futuro histórico, e o hedonismo, o das militâncias políticas; a febre do conforto substituiu as paixões nacionalistas, e os lazeres, a revolução. Sustentado pela nova religião do melhoramento contínuo das condições de vida, o maior bem-estar tornou-se uma paixão de massas, o objetivo supremo das sociedades democráticas, um ideal exaltado em todas as esquinas.[16]

A felicidade, que já foi considerada um resultado de um estilo de vida, passou a ser um direito e hoje é uma obrigação. Não apenas temos o direito de ser felizes, somos obrigados a ser, não importa o preço que tenhamos de pagar.

---

16 Ibid., p. 11.

A cultura terapêutica alimenta o espírito narcisista, deifica o *self*, transformando-o no centro e no senhor de todas as escolhas. Na busca insaciável para agradar um ego sempre carente, o ser humano se entrega a todo tipo de prazer e experiências. Com isso, crescem o fascínio pelo consumo, a ditadura das marcas e das grifes, as possibilidades de prazer, ao mesmo tempo em que crescem as frustrações, o egoísmo e a violência. "A desolação dos seres progride todo dia um pouco mais."[17]

É por isso que Lipovetsky chama a felicidade de hoje de "Felicidade Paradoxal": o aumento da oferta de consumo e prazer e o crescimento da desolação e do tédio. A idolatria do *self*, com sua interminável busca pela autorrealização, leva o ser humano a um estado de contradição crônico. Ele quer amor, mas não compromisso ou responsabilidade; quer aventura, mas com segurança e estabilidade; quer conforto, mas sem sacrifício; sexo seguro, mas sem fidelidade.

A *IMAGO DEI* E A CONDIÇÃO HUMANA

O apóstolo Paulo, em sua Carta aos Romanos, descreve de forma clara e dramática o processo de perda da identidade humana causado pela queda e o pecado. Depois de escrever sobre a forma como Deus se revelou ao ser humano e declarar que por causa dessa revelação o ser humano torna-se indesculpável diante de Deus — *Porque os atributos invisíveis de Deus, isto é, o seu eterno poder e sua natureza divina, claramente se reconhecem, desde a criação do mundo, sendo percebidos por meio das coisas que Deus fez. Por isso, os seres humanos são indesculpáveis* (Rm 1.20) — ele passa a narrar o que acontece com aqueles que, *porque, tendo conhecimento de Deus, não o glorificaram como Deus, nem lhe deram graças* (Rm 1.21).

---
17 Ibid., p. 158.

Paulo refere-se àqueles que: *tendo conhecimento de Deus...* Ele não se refere a ateus, nem a idólatras religiosos, mas a homens e mulheres que conhecem Deus, mesmo que esse conhecimento seja teológica ou doutrinariamente limitado. O problema para Paulo é a forma como viraram as costas para Deus pela indiferença, ingratidão e apatia espiritual. Ao não glorificar Deus como Deus e perder toda a noção de gratidão, o ser humano toma um rumo contrário à sua natureza de ser criado, torna-se seu próprio deus à medida que, em vez de adorar o Deus Criador, passa a adorar coisas, bens, ideias e criaturas, negando o Criador.

Paulo, com extremo cuidado e realismo, a partir do final do verso 21 até o verso 32 (Rm 1), descreve a trajetória daqueles que viraram as costas a Deus e perderam a capacidade de expressar sua gratidão e adoração. Ele afirma que eles *se tornaram nulos em seus próprios raciocínios, e o coração insensato deles se obscureceu* (v. 21). Embora sendo criaturas inteligentes, habilidosas e capazes, a idolatria (vamos definir idolatria como o não reconhecimento de Deus como Senhor e Criador) os colocou na rota de corrupção de sua integridade humana. Ao inverter a ordem natural da criação — Deus é o Criador, e nós, criaturas; somente Deus deve ser adorado, e nós somos seus adoradores; ele é o Senhor, e nós os seus servos — entramos em um processo perigoso de negação da ordem da criação, o que acelera nossa desumanização.

Ao inverter a ordem da criação, o ser humano também inverte a ordem dos seus relacionamentos. Para Paulo, não é Deus quem vira as costas ao ser humano, ele apenas os deixa seguir o caminho que escolheram. Ao transformar a verdade de Deus em mentira, o homem se transforma em um refém do seu próprio engano. Para ele, nesse caminho de mentira e engano o homem transforma suas paixões no seu deus e passa a adorar a "criatura" e não mais o Criador. Essa inversão coloca o ser humano em uma situação em que os referenciais de bondade, amor e justiça se perdem, e ele acaba se entregando a toda sorte de perversidade.

Uma vez que a verdade de Deus não é mais considerada o espírito de gratidão desaparece dando lugar ao orgulho, que cresce colocando-nos no trono da realização humana. O deus que passa a ser o objeto de adoração são as coisas e as criaturas. O que define a natureza humana, sua busca e seus anseios, são os desejos e paixões nutridos por um cenário construído pela mentira e engano. Paulo reconhece que *por haverem desprezado o conhecimento de Deus, o próprio Deus os entregou a um modo de pensar reprovável, para praticarem coisas que não convém* (v. 28). Uma vez que não adoramos a Deus, não somos gratos a ele, não damos mais valor à sua Palavra nem aos seus mandamentos e não nos importamos com seus propósitos e caminhos, nós entramos em um processo de inversão de valores, com um "modo de pensar" que nos torna inclinados a nos afastarmos cada vez mais de Deus e de sua verdade, a fazer aquilo que desejamos, independentemente de suas consequências. Em vez de a mente humana ser alimentada com a verdade, ela passa a ser alimentada pelas inclinações das paixões desordenadas, pela pressão da propaganda, pela cultura alimentada por mentes que ignoram os mandamentos de Deus. "A rejeição da verdade sob o comando das paixões desordenadas não significa que a mente parou de funcionar, significa apenas que a mente parou de perceber a verdade".[18]

A estrutura mental que surge da negação da criação e do Criador e do espírito de ingratidão produz, tanto no indivíduo quanto em toda a sociedade, um processo de corrupção e de perda da "imagem de Deus". Paulo descreve o que acontece com aqueles que desprezaram o conhecimento de

---

18 Jones, E. Michael, citado por James W. Sire em *Habits of the Mind: Intellectual life as a Christian Calling*. (Downers Grove: InterVarsity, 2000): 93.

Deus e que deixaram suas mentes ser contaminadas por tudo aquilo que contraria a ordem da criação. Ele diz que essas pessoas perderam o valor e a dignidade do corpo (criado por Deus e para Deus), entregando-o a tudo aquilo que o desonra (consequentemente, desonra a Deus). Como consequência da ausência de valor e dignidade para com o corpo os seres humanos se entregaram a toda sorte de "paixões infames", com propostas sexuais que ferem a honra e contrariam a natureza humana. O amor é substituído pelo sexo.

O desprezo pelo conhecimento de Deus, por suas verdades e mandamentos, a ingratidão e a mudança do foco da adoração alimentam toda sorte de injustiça, malícia, arrogância, perversidade, inveja e ciúmes, de forma que as relações humanas construídas dentro dessa teia de sedução, mentira e egoísmo contaminam toda a sociedade como uma epidemia, aumentando a desagregação familiar, a promiscuidade, a corrupção, a violência e a alienação.

O ser humano necessita de um referencial externo maior de bondade e justiça no qual possa estabelecer seus próprios valores. Esse "modo de pensar reprovável" a que Paulo se refere não é uma ausência absoluta de princípios ou valores. Sabemos que eles existem. Mesmo nas pessoas mais inclinadas ao mal há algum princípio que orienta sua conduta e ética. O problema para Paulo é a rejeição do ser humano em reconhecer Deus como Criador e seus propósitos para sua criação. Em outras palavras, é a rejeição de um Absoluto a partir do qual as relações humanas são construídas. "A mente humana é flexível, podendo vir a crer em qualquer coisa a que sua vontade inclina".[19]

Blaise Pascal (1623-1662), filósofo e matemático cristão, afirmou o seguinte:

---

[19] Rose, Fr. Seraphin, citada por James W. Sire em *Habits of the Mind: Intellectual life as a Christian Calling*. (Downers Grove: InterVarsity, 2000): 93.

> O Deus dos cristãos é um Deus que torna a alma consciente de que ele é somente bem. Apenas nele o homem pode encontrar paz. Somente no amor a Deus o homem pode encontrar alegria. Ele é um Deus que, ao mesmo tempo, preenche nossa alma com uma aversão pelas coisas que nos mantêm distantes e, portanto, impedem-nos de amar o Criador com toda a nossa força. O egoísmo e a luxúria, que nos mantêm afastados de Deus, são intoleráveis. Assim, ele conscientiza a alma desse amor-próprio subjacente que destrói isso. Somente Deus pode curar-nos desse mal.[20]

Talvez o grande problema que Paulo apresenta nesse relato da degradação humana seja o orgulho e a soberba que nascem da rejeição ao Criador. Quando viramos as costas para Deus, tornamo-nos nosso próprio deus. João Calvino abre as suas *Institutas* com a seguinte declaração:

> A soma total da nossa sabedoria, a que merece o nome de sabedoria verdadeira e certa, abrange estas duas partes: o conhecimento que se pode ter de Deus, e o de nós mesmos. Quanto ao primeiro, deve-se mostrar não somente que há um só Deus, a quem é necessário que todos prestem honra e adorem, mas também que ele é a fonte de toda verdade, sabedoria, bondade, justiça, juízo, misericórdia, poder e santidade, para que dele aprendamos a ouvir e a esperar todas as coisas. Deve-se, pois, reconhecer, com louvor e ação de graças, que tudo dele procede. Quanto ao segundo, revela a nossa ignorância, miséria e maldade, induz-nos à humildade, a não confiança própria e ao desprezo de nós mesmos; inflama em nós o desejo de buscar a Deus, certos de que nele repousa todo o nosso bem, do qual nos vemos vazios e desnudos.[21]

Para Calvino, não podemos alcançar um conhecimento verdadeiro de nós enquanto não nos voltarmos para Deus, que é a fonte de toda verdade. Não existe um autoconhecimento, uma possibilidade de nos conhecermos a partir de nossa própria consciência. Qualquer esforço nessa direção

---
20 Pascal, Blaise. *Mente em Chamas*. (Brasília: Palavra, 2007): (460-544), p. 243.
21 Calvino, João. *Institutas da Religião Cristã*. (São José doa Campos: Fiel, 2018)

parte daqueles que, de alguma forma, negam o Criador. O resultado, por melhor que possa parecer, no fim de tudo, será devastador.

Thomas Merton (1915-1968), monge trapista, escreveu um livro no qual fala do "homem novo" e da proposta bíblica do "novo Adão". Ele reconhece que o ser humano vive em um cativeiro no qual o orgulho se apresenta como uma deformação da imagem humana.

> O orgulho é uma insistência teimosa em ser o que não somos e que nunca fomos destinados a ser. O orgulho é uma necessidade profunda e insaciável de irrealidade, uma demanda exorbitante para que os outros acreditem na mentira sobre nós mesmos, e em que nós nos obrigamos a acreditar. O orgulho infesta ao mesmo tempo a pessoa humana e toda a sociedade em que vive. Infestou todas as pessoas no orgulho original de Adão. Tem como efeito secundário o que os teólogos chamam de concupiscência: a convergência de toda a paixão e de todo o sentido sobre si mesmo.[22]

Quando rejeitamos Deus e não o adoramos mais, passamos a adorar criaturas, objetos, coisas, ambições e nos tornamos semelhantes a elas. Rejeitar Deus e não adorá-lo não significa não acreditar nele, negá-lo ou não ir a uma igreja, não cantar os cânticos e hinos de louvor, mas ter diante de nós outros objetos do nosso amor e devoção. É o nosso apego a essas coisas que nos leva a acreditar nas mentiras que elas criam sobre elas e nós.

Na medida em que nos julgamos deuses, achamos que todo o Universo gira em torno de nós, que somos o centro de todas as coisas e nos sentimos no direito de usá-las, dispor delas, manipulá-las e, até mesmo, abusar. "A sedução tomou o lugar do dever, o bem-estar tornou-se deus, e a publicidade é

---

22 Merton, Thomas. *O Novo Homem*. (Petrópolis: Vozes, Petrópolis, 2006): 51.

o seu profeta."[23] Quem governa o ser humano não é Deus com sua graça e misericórdia, mas a propaganda com seu poder e sedução. O orgulho não se manifesta apenas na arrogância, ele é a própria natureza da rejeição a Deus.

De certa forma, o que Paulo descreve no primeiro capítulo da sua Carta aos Romanos é a consequência do que Nietzsche profetizou no século 19 ao propor o niilismo, a ausência de verdades, o vazio de uma sociedade sem Deus. Nietzsche percebeu que, com o avanço da ciência e da tecnologia, Deus se tornaria irrelevante. Com a morte de Deus, o que se seguiu não foi uma sociedade sem religião, como muitos esperavam, mas uma religião sem Deus. Não que Deus seja negado, muito pelo contrário, nunca se falou tanto dele, mas se tornaria irrelevante, algo para ser lembrado nos domingos e nas cerimônias de batismo e casamento.

Vemos hoje o surgimento de uma geração sem valores superiores, vivendo em um deserto sombrio e em uma brutal indiferença em relação a tudo aquilo que não diz respeito aos seus desejos e prazeres imediatos. A violência cresce. Adolescentes oferecem seus corpos sem nenhum pudor. Jovens agridem e matam sem razão alguma. O alarmante crescimento do consumo de drogas e álcool, a despeito de todas as informações e campanhas de prevenção, perturba as sociedades dos grandes centros urbanos. A família está em crise. O narcisismo determina a forma de viver:

> ... viver o presente, nada mais do que o presente, não mais em função do passado e do futuro... Hoje em dia vivemos para nós mesmos, sem nos preocuparmos com as nossas tradições e com a nossa posteridade: o sentido histórico foi abandonado, da mesma maneira que os valores e as instituições sociais.[24]

---

23 Lipovetsky, Gilles. *A sociedade Pós-Moralista*. (Barueri: Manole, 2005): 31.
24 Lipovetsky, Gilles. *A Era do Vazio: Ensaios sobre o individualismo contemporâneo*. (Barueri: Manole, 2005): 33.

O orgulho, como afirma Thomas Merton, é a matriz dessa nova forma de ser. "Devido à natureza corrupta do homem, ele não age conforme a razão que constitui o seu ser."[25]

No caminho da rejeição a Deus — e veja bem que para Paulo a rejeição não significa negar a existência de Deus, mas desprezar o conhecimento de Deus e abandonar o espírito de gratidão — o ser humano perde seu referencial maior e absoluto. É importante reconhecer que Paulo está se dirigindo às pessoas que tinham o conhecimento de Deus. Ele não está se dirigindo a ateus confessos, mas a homens e mulheres que tiveram oportunidade de conhecer a revelação de Deus, tiveram acesso aos mandamentos de Deus, que conheceram a Palavra de Deus. Ele se refere a pessoas que *tendo conhecimento de Deus, não o glorificaram como Deus, nem lhe deram graças.* Ele está se dirigindo a cristãos e judeus que, apesar de afirmarem sua fé e crença em Deus, negam qualquer implicação desse conhecimento para suas vidas ao assumirem a supremacia dos seus desejos e vontades sobre a revelação de Deus.

Há uma diferença entre não conhecer e rejeitar. A ignorância é o comportamento daqueles que não conhecem e nada sabem; mas o orgulho é o comportamento daqueles que, mesmo conhecendo, rejeitam a verdade. O orgulho nos leva a um estado de autoglorificação que nos impede de reconhecer qualquer verdade que não seja a nossa verdade. Thomas Merton diz que, se quisermos voltar para Deus, temos que percorrer o caminho inverso de Adão. Segundo ele: "Adão retirou-se para dentro de si mesmo, afastando-se de Deus".[26] Ele prossegue dizendo:

---
25 Ibid., p. 261.
26 Merton, *O Novo Homem*, p. 59.

... o pecado de Adão foi um movimento em sentido duplo, de introversão e extroversão. Afastou-se de Deus, fechando-se em si mesmo e, então, incapaz de permanecer centrado em si mesmo, caiu abaixo de si, na multiplicidade e confusão das coisas exteriores... Adão virou às avessas a natureza humana e legou-a nessa condição a todos os seus descendentes.[27]

É por causa dessa rejeição que Paulo descreve o processo de corrupção espiritual, moral, ética e afetiva do ser humano. A rejeição da verdade revelada de Deus, aliada à ausência de absolutos, deixa o ser humano entregue a si mesmo e às suas paixões, vulnerável moralmente e sem referencial algum fora dele mesmo. É dentro desse cenário que encontramos o processo de perversão humana. O ser humano vive hoje uma busca incansável de aventuras, alegrias e experiências diversas. Busca romper com todas as fronteiras. No entanto, se de um lado, essa busca cria uma forma de identidade multicultural, por outro, ameaça destruir tudo o que somos por nos lançar em uma subjetividade desintegradora, contraditória e autodestrutiva.

Os desdobramentos desse caminho são a avareza e o orgulho, expressões de um individualismo autoindulgente. Quando a Bíblia fala da avareza como idolatria, ela se refere ao egoísmo natural do ser humano, sua resistência em ser solidário, sua necessidade de acumular, ter mais, sempre mais. Desde que eu seja o objeto final de todo o empreendimento, tudo passa a ser justificado a partir dessa razão última. A inveja, o homicídio, a discórdia, o engano, a malícia, difamação, calúnia, insolência, arrogância, orgulho, presunção, rebeldia, insensatez e tantos outros são a descrição de indivíduos e sociedades inteiras que viraram as costas para o Criador e fizeram do seu ego solitário, carente e mimado seu próprio deus. Note bem que todos eles são descrições de um estado de isolamento social, ausência de

---

27 Ibid., p. 57.

fronteiras morais e éticas, completa rejeição de qualquer verdade que venha de fora. Toda forma de imoralidade sexual e violência surge desse vazio.

É preciso notar que, embora vivendo em uma era sem fronteiras morais — a última delas é a pedofilia — reconhecemos que elas existem, mas apenas no âmbito da subjetividade individualista. Os programas sociais e governamentais para conter o consumo do tabaco, limitando as áreas destinadas aos fumantes, o esforço para limitar o consumo de bebidas alcoólicas elevando o rigor das leis e o incentivo à prática do sexo seguro para conter o avanço da AIDS têm alcançado bons resultados, mas apenas em relação ao fim a que se destinam — não fumar em áreas públicas, não dirigir alcoolizado e a diminuição das doenças sexualmente transmissíveis. No entanto, nada disso significa, necessariamente, uma mudança moral. O consumo de drogas e álcool, particularmente pelos mais jovens, vem crescendo de forma preocupante. A promiscuidade sexual de um número cada vez maior de adolescentes preocupa a sociedade. De certa forma, as campanhas que dão algum resultado são aquelas que apelam para a saúde e o bem-estar do corpo.

Esse é um quadro do ambiente cultural em que vivemos. Em uma linguagem mais teológica, somos um reflexo daquilo que adoramos (amamos). À medida que nos voltamos para nós e passamos a adorar e amar o bem-estar pessoal, o prazer e a satisfação a qualquer preço, entramos nesse processo que Paulo descreve com tanta clareza e realismo. A avareza, inveja, arrogância, rebeldia, malícia e tudo mais que ele descreve é um retrato de indivíduos e culturas que rejeitam Deus, negam a sua Palavra, não se importam com seus mandamentos e são ingratos para com seu amor e bondade. Essas pessoas tornaram-se reflexos dos ídolos modernos que adoram ou daquilo que mais amam. A humanidade encolhe. A imagem de Deus no ser humano vai se desvanecendo.

6. A HUMANIDADE PERFEITA DE CRISTO

João Calvino, ao comentar sobre o conhecimento que precisamos ter de Deus e de nós, reconhece que esse conhecimento não pode partir de nós, mas de fora de nós. Se partir apenas de nós, será sempre impreciso e incompleto.

> É notório que o homem jamais pode ter claro conhecimento de si mesmo, se primeiramente não contemplar a face do Senhor, e então descer para examinar a si mesmo. Porque essa arrogância está arraigada em todos nós — sempre nos julgamos justos, verdadeiros, sábios e santos, a não ser que, havendo sinais evidentes, sejamos convencidos de que somos injustos, insensatos e impuros. Mas não seremos convencidos se só dermos atenção a nós mesmos, e não também ao Senhor, pois esta é a regra única à qual é necessário que se ajuste o julgamento que se queira fazer.[28]

Para se ter um julgamento correto sobre nossa humanidade, precisamos prestar atenção na humanidade perfeita revelada na encarnação do verbo de Deus.

Calvino, seguindo os grandes pais da igreja como Agostinho, reconhece que o conhecimento humano e o conhecimento de Deus estão sempre interligados. Não se pode alcançar um sem o outro. Conhecer Deus implica nos conhecermos, e não há possibilidade de nos conhecermos sem conhecer a Deus. O "duplo conhecimento" de Deus e de nós é uma dádiva da graça de Deus.

---

28 Calvino, João. *As Institutas da Religião Cristã*. Edição especial, vol. 1. (São Paulo: Cultura Cristã, 2015): 55, 56.

O autor da Carta aos Hebreus inicia sua correspondência com uma declaração majestosa sobre Cristo: *O Filho, que é o resplendor da glória de Deus e a expressão exata do seu ser...* (Hb 1.3). O apóstolo João também declara: *E o Verbo se fez carne e habitou entre nós, cheio de graça e de verdade, e vimos a sua glória, glória como do unigênito do Pai* (Jo 1.14). Jesus mesmo afirmou que *"Quem vê a mim vê o Pai"* (Jo 14.9) referindo-se à perfeita comunhão entre ele e o Pai e ao fato de que ele é a expressão exata de Deus e da humanidade pretendida por Deus na criação. Na encarnação, podemos perceber, de forma clara, concreta e humana a natureza divina na pessoa de Jesus de Nazaré. Cristo é o *resplendor da glória* de Deus e a *expressão exata do seu ser*.

Deus em Cristo se fez homem para que nós, por meio de Cristo, nos tornássemos os homens e as mulheres que Deus intencionou em sua criação. O apóstolo Pedro traz a seguinte afirmação:

> *Pelo poder de Deus nos foram concedidas todas as coisas que conduzem à vida e à piedade, pelo pleno conhecimento daquele que nos chamou para a sua própria glória e virtude. Por meio delas, ele nos concedeu as suas preciosas e mui grandes promessas, para que por elas vocês se tornem coparticipantes da natureza divina, tendo escapado da corrupção das paixões que há no mundo* (2Pe 1.3s).

É pelo conhecimento de Cristo que encontramos o caminho e os meios para participar da vida real que há nele. Em Cristo, todas as promessas de Deus para o ser humano foram realizadas. Em Cristo nos tornamos "coparticipantes da natureza divina". É dentro desse contexto que Atanásio (295-375), bispo de Alexandria afirmou: "Deus se fez homem para que nós nos tornássemos deuses". Ele se referia a essa participação na natureza divina que encontramos na humanidade perfeita de Jesus Cristo.

Jesus é a expressão exata de Deus e a medida exata da verdadeira humanidade revelada na criação. Ser verdadeiramente humano é ser semelhante a Cristo. Viver pela fé é viver "olhando para Cristo". Andar pela fé é andar em obediência a Cristo. Conhecer Cristo é amá-lo. Crer em Cristo é confessá-lo como Rei e Senhor e submeter-se ao seu governo. O chamado de Cristo é para segui-lo. O Reino de Cristo é sua vontade sendo realizada em nós, entre nós e em toda a criação.

O amor de Deus pode ser visto na vida cheia de compaixão de Cristo, na forma como ele acolheu, perdoou, curou, tocou, chorou e se alegrou com as mais diferentes pessoas e situações vividas por ele. A misericórdia de Deus também pode ser percebida na vida de Cristo quando consideramos sua paciência, bondade e generosidade tratando amigos e inimigos, nativos e estrangeiros, homens e mulheres, adultos e crianças com a mesma dignidade, valor e cuidado. Veio ensinando que os abençoados e felizes são os pobres e humildes de espírito, os mansos, os que choram, os que anseiam pela justiça, buscam a paz, desejam a pureza do coração e são misericordiosos para com todos os aflitos e cansados.

Jesus nos ensinou a amar os inimigos em vez de odiá-los, a orar por todos os que desejam o mal, perseguem e caluniam. Ele disse que deveríamos falar bem daqueles que vivem falando mal e abençoar todos aqueles que amaldiçoam. Recomendou que jamais revidássemos o mal com o mal, mas que deveríamos responder a toda ação perversa com gestos de bondade e generosidade. Propôs que, ao sermos agredidos, deveríamos oferecer a outra face, resistindo à violência e à vingança.

Ele resistiu à tentação do poder e escolheu viver amando, servindo e cuidando. Quiseram fazê-lo rei, mas ele preferiu ser um servo. Ensinou aos seus discípulos que, no mundo em que eles viviam, os maiores, os mais ricos e poderosos são os que governam e dominam sobre os mais fracos, mas que entre eles não seria assim, o maior seria o menor e o mais poderoso seria servo de todos. Na última ceia com seus discípulos demonstrou, de forma dramática e clara, a natureza do seu Reino. Tomou uma toalha, uma bacia com água e começou a lavar os pés de seus discípulos dizendo a eles que essa seria a forma como eles deveriam viver no mundo. Nessa ceia, ele terminou tomando um pão e um cálice de vinho, dizendo que seu corpo, da mesma forma que o pão, seria também partido e dado em amor pelos seus discípulos. Da mesma forma, tomou o cálice de vinho e afirmou que seu sangue também seria derramado por amor a eles. Estava se referindo à sua morte na cruz, morte em que ele assumiu nossa culpa e ofereceu-se a Deus como oferta pelo nosso pecado.

É por isso que Jesus é o "perfeito adorador", aquele que por sua perfeita obediência fez uma oferta perfeita a Deus. A comunhão perfeita entre o Pai e o Filho, e a perfeita obediência do Filho para com o Pai, levam Jesus a afirmar: "*eu e o Pai somos um*" (Jo 10.30) ou "*quem vê a mim vê o Pai*" (Jo 14.9). Embora sejam duas pessoas distintas, um sempre reflete o outro por causa do amor perfeito que nutrem eternamente entre si.

O "primeiro Adão" fracassou ao querer assumir o lugar de Deus, pois o pecado original é isto: querer ser como Deus ou querer ser seu próprio deus. Ao negar sua condição de criatura, a humanidade fracassa no seu chamado primário para ser adorador de Deus. No entanto, em Cristo, encontramos um caminho inverso ao do "primeiro Adão". Em sua humanidade ele, sendo Deus, *não considerou o ser igual a Deus algo que deveria ser retido a qualquer custo* (Fp 2.6); ao contrário do primeiro Adão que, não sendo Deus, quis ser como Deus, Jesus, mesmo sendo Deus desde toda a eternidade, *ele se esvaziou, assumindo a forma de servo, tornando-se semelhante* aos seres humanos. E, reconhecido em figura humana, ele se humilhou, tornando-se obediente até a morte, e morte de cruz (vs.7s). Em virtude de sua humanidade humilde e obediente, Deus o exaltou sobremaneira e lhe deu o nome que está acima de todo nome... (v.9).

O "primeiro Adão" fracassou porque preferiu ser, ele mesmo, o criador de sua existência e destino. Fechou-se em seu orgulho. Escolheu o caminho da não dependência de Deus. Tornou-se reflexo de si mesmo e de suas paixões. Perdeu-se no labirinto do seu desespero, na busca frenética de algum sentido. Sua felicidade está em si mesmo. Seu sucesso é medido por sua ambição desmedida. Sua segurança é sempre ameaçada por seus medos interiores. Sua realização permanece sempre frágil e vulnerável.

O indivíduo, na condição de *faber homo*, o artífice humano, decide, sem qualquer referência ao Criador, o que acontecerá com o mundo. O homem ou a mulher presume que seu próprio ser é constituído de suas próprias ações.[29]

Se eu sou o construtor da realidade, toda a realidade passa a depender das minhas ações. Esse é o peso que arrasta o ser humano para o abismo da frustração e solidão.

Uma importante definição de adoração foi dada pelo arcebispo William Temple:

> Adorar significa vivificar a consciência mediante a santidade... alimentar a mente com toda a verdade de Deus... purgar a imaginação com a beleza de Deus... abrir nosso coração para o amor de Deus... e dedicar toda nossa vontade aos propósitos de Deus.[30]

A adoração nos liberta do narcisismo que nos mantém reféns de nós, de nossas inseguranças e medos e do nosso

---

29 Houston, James M. *Mentoria Espiritual: O desafio de transformar indivíduos em pessoas*. (Rio de Janeiro: Textus e Editora SEPAL, 2003): 134.
30 Temple, William, citado por James Houston em *Mentoria Espiritual*, p. 171.

olhar voltado para dentro, para contemplar a glória da humanidade de Cristo — *e vimos a sua glória, glória como do unigênito do Pai* (Jo 1.14).

Fomos criados por Deus e para Deus, essa é a condição primária do ser humano, e a adoração é a expressão básica e natural de suas criaturas. Quando Paulo nos convida a sermos seus imitadores como ele é de Cristo, ele não está aqui pretendendo ser melhor do que ninguém, nem mais santo, puro, nobre ou qualquer outra coisa. Ele não se coloca em uma posição de destaque, muito menos se julga superior. O que ele está fazendo é apenas reconhecer publicamente a quem ele adora, diante de quem ele se encontra, onde repousa sua identidade. É diante de Cristo e da contemplação de sua humanidade gloriosa que Paulo encontra o sentido de sua existência.

A HUMANIDADE PERFEITA DE CRISTO E A IDENTIDADE DO CRISTÃO

Paulo, ao declarar que era um seguidor e imitador de Cristo, antes de tudo afirma sua identidade. Uma vez que nós todos somos um reflexo daquilo que amamos e adoramos, ele deixa claro quem ele mais ama e aquele a quem ele adora. Talvez para muitos cristãos esse conceito pareça óbvio, uma vez que todos afirmam que amam Deus e se consideram adoradores de Deus. Afinal todos vão às suas igrejas aos domingos, cantam com entusiasmo os cânticos de louvor, oram, ouvem a Palavra do Senhor, ofertam e cumprem com seus compromissos de adoradores.

O problema é que na segunda-feira, quando precisam enfrentar o trânsito caótico da cidade, o chefe tirano e intransigente no trabalho, os colegas invejosos e fofoqueiros, o mercado competitivo, as transações econômicas, a corrupção e a violência, não se sentem tão seguros em dizer para os outros, mesmo para aqueles que se declaram também cristãos, *Sede meus imitadores, como também eu sou de Cristo*. Muitos não se sentem capazes de dizer isso para seus filhos, cônjuge, muito menos para os seus irmãos e irmãs na igreja, e principalmente para aqueles que não partilham de sua fé.

Paulo não está convidando seus leitores para imitarem seu jeito de cantar, seus hábitos religiosos, seu dinamismo ou sua liderança. O convite envolve seu caráter, seus valores morais, ética, espiritualidade, afetos, relacionamentos, fidelidade, integridade, lealdade, amor, retidão, sofrimento, serviço abnegado, devoção e tudo aquilo que encontramos em Cristo. Para ele ser um adorador não é ser um cantor entusiasmado nos cultos da igreja. Para ele adorar é obedecer e para obedecer é preciso amar. Isso envolve toda a vida e todo o ser. Se o foco do nosso amor não é Jesus Cristo, então nossa identidade será construída e fundamentada sobre outras bases e iremos refletir outra realidade.

O iluminismo vinculou a identidade humana à razão. O ser racional é aquele que exerce o poder e o controle para dar sentido à própria realidade. A percepção da pessoa e do mundo torna-se mecânica. O ser humano se transforma no agente que controla e dá significado ao mundo. O tribunal que julga o sentido da vida é o tribunal da razão. Sou aquilo que penso. A verdade é concebida pelo conhecimento científico. Quando a identidade é determinada apenas pelo poder da razão, nós nos tornamos pessoas ansiosas e controladoras. Não encontramos descanso para a alma que anseia pelo Criador.

A moderna psicologia fortaleceu o individualismo, dando ao ser a capacidade de arbitrar e determinar sua própria realização, definir seus valores e sua identidade a partir do próprio self. Se na era da razão o tribunal que julga os valores e a existência humana é o tribunal da razão, na era da moderna psicologia o tribunal é o das emoções e dos sentimentos que precisam ser compreendidos e identificados no interior de cada um. A verdade está dentro de nós, no meu "eu" mais profundo.

A cultura do mercado valorizou o ser produtivo, funcional e consumidor. Sou aquilo que tenho, aquilo que faço, aquilo que consumo. Meu status determina minha identidade. Não é mais a razão com sua lógica matemática, nem as emoções ou o "eu" profundo que define a identidade, mas o poder de atuar em um mercado competitivo e ser reconhecido como um "vencedor".

Presumimos que os nossos pensamentos, os juízos que fazemos de nós ou dos outros, o trabalho que realizamos, as sensações que temos, determinam quem somos. Na verdade, não são os meus pensamentos, juízos ou trabalho que determinam a minha pessoa, mas a minha pessoa é que vai determinar tudo aquilo que penso, faço ou como me sinto. Para Paulo, não nos tornamos justos pela justiça que praticamos, mas pela ação de Deus em nos justificar. Ele reconhece que todo o seu esforço, antes de sua conversão, de ser um homem justo, apenas aguçou a culpa que já existia nele. A partir do momento em que ele se viu justificado pela graça de Deus, é que compreendeu o significado da justiça.

O Salmo 8 expressa a fragilidade humana bem como a sua glória.

Ó Senhor, Senhor nosso, como é magnífico o teu nome em toda a terra! Pois puseste nos céus a tua majestade.

Da boca de pequeninos e crianças de peito suscitaste força, por causa dos teus adversários, para fazeres emudecer o inimigo e o vingador.

> Quando contemplo os teus céus, obra dos teus dedos,
> e a lua e as estrelas que estabeleceste, que é o homem,
> para que dele te lembres?
> E o filho do homem, para que o visites?
> Fizeste-o, no entanto, por um pouco, menor do que Deus
> e de glória e de honra o coroaste.
> Deste-lhe domínio sobre as obras da tua mão
> e sob seus pés tudo lhe puseste: ovelhas e bois, todos,
> e também os animais do campo; as aves do céu, os peixes
> do mar e tudo o que percorre as veredas dos mares.
> Ó SENHOR, Senhor nosso, como é magnífico o teu nome
> em toda a terra!

Somos frágeis em virtude de não sermos deuses, mas criaturas. Nossa existência é limitada. Mesmo assim, o salmista reconhece que nossa dignidade reside no fato de termos sido criados por Deus. A glória e a honra de Deus são refletidas em nossa humanidade frágil. O mesmo Deus que manifestou sua majestade em sua criação coroa o ser humano, criado à sua imagem e semelhança, com a mesma glória. A identidade humana está atada àquele que não tem começo nem fim. Qualquer tentativa de buscar uma identidade sem Deus nos conduzirá, inexoravelmente, a uma existência sem glória e honra.

Paulo encontra sua identidade em Cristo: *E, assim, se alguém está em Cristo, é nova criatura...* (2Co 5.17); *... já não sou eu quem vive, mas Cristo vive em mim* (Gl 2.20). Paulo é um adorador, não no sentido de alguém que vai à igreja todos os domingos e canta algumas canções de louvor, ele é um adorador em um sentido bem mais amplo. Para ele, adorar significa reconhecer que existe um trono no centro de todas as coisas e que, nesse trono, encontra-se assentado o Cordeiro de Deus, aquele que venceu, por sua morte e ressurreição, o mal, o pecado e a morte, e que tem nas mãos o domínio de toda a história. Ser adorador, para Paulo, é permanecer diante desse trono e preservá-lo no centro de sua vida.

O relacionamento de Paulo com Cristo não era espasmódico, não acontecia de forma irregular e circunstancial. Não era um tipo de relacionamento que tinha seus picos nos domingos, nas vigílias, nos encontros de avivamento, nos retiros e acampamentos. Não era uma espiritualidade oportunista e utilitária como tantas que vemos hoje em dia em nossas igrejas, buscando bênçãos, curas, libertações e favores. Também não era uma forma de intelectualismo frio, acadêmico e impessoal. Paulo era um discípulo de Cristo. Essa era sua identidade. Por ser discípulo, seguia Cristo, procurava imitá-lo, obedecer-lhe, ser como ele. Esse era o fundamento de sua vida cristã.

O conhecimento que Paulo tinha de Cristo e o amor que tinha para com ele eram a mesma coisa. Sua teologia era sua vida. Ele afirmava ser uma "carta viva". Reconhecia não apenas seu chamado, mas sua identificação com Cristo. O seu desejo maior era *ser* achado *nele* (Cristo)... *conhecer Cristo e o poder da sua ressurreição, tomar parte nos seus sofrimentos* e me *tornar como ele na sua morte* (Fp 3.9s). Para ele, "o viver era Cristo, e o morrer era lucro" (cf. Fp 1.21). Era assim que ele vivia.

A identidade cristã de muitos cristãos modernos está ancorada em dois fundamentos: doutrinário e funcional. Ser cristão significa ter convicções corretas, crer nas doutrinas bíblicas, conhecê-las e professá-las. Como resultado disso ele se torna pragmático e funcional. Ser cristão é estar envolvido em uma igreja ou em algum projeto cristão e ter um ministério. Crer nas doutrinas bíblicas bem como servir a Cristo e estar envolvido na igreja são expressões da fé cristã, mas não é tudo. Podemos ter convicções corretas e participação intensa na igreja e, ainda assim, não ser um discípulo de Cristo, um seguidor dele, um imitador de sua vida e humanidade real.

Os apelos que frequentemente nós ouvimos em nossas igrejas são, via de regra, abstratos e subjetivos. Alguns dizem que precisamos "aceitar Jesus no coração", outros falam em "entregar a vida para Jesus", e por aí vai. Outros são mais objetivos quando dizem: "você precisa crer em Cristo". Sendo mais ou menos objetivo em nossos apelos, os convites nem sempre passam pela objetividade de Jesus. Ele chamava as pessoas para o arrependimento e fé. Convidava-as para segui-lo: "vem e segue-me". Há nesses convites uma objetividade e clareza que não deixam dúvida a ninguém.

Em seu anúncio sobre o Reino de Deus imagino que o convite de Jesus seria mais ou menos assim: "Você deseja entrar para o Reino de Deus?". Se a resposta fosse sim, ele continuaria dizendo: "Se você não se fizer como uma criança, de forma alguma poderá entrar nele". Insistiria dizendo: "O Reino de Deus pertence aos humildes e pobres de espírito", "é mais fácil um camelo passar pelo fundo de uma agulha do que um rico entrar no Reino". "Você quer mesmo entrar para o Reino de Deus?" Se a resposta continuasse afirmativa, ele prosseguiria dizendo: "Se a sua justiça não exceder, em muito, a dos escribas e fariseus, você jamais entrará no Reino dos céus". E diria mais: "Nem todo o que me diz Senhor, Senhor, entrará no Reino dos céus, mas aquele que faz a vontade do meu Pai, este sim, entrará no Reino". Você deseja entrar para o Reino de Deus?

Jesus não trabalha com um conceito de conversão intimista, emocional. Ele trabalha com um conceito integral, que envolve submissão total a ele e ao seu Reino de justiça e amor. Seu convite envolve abandonar todas as formas de relacionamento que não correspondem ao propósito de Deus para a humanidade. Não se trata apenas de ter as convicções corretas ou participar das atividades da igreja. Trata-se de um encontro pessoal, seguido de uma resposta pessoal, que envolve uma obediência pessoal e uma identidade pessoal. Tudo em relação a Cristo.

Ser cristão é estar unido a Cristo pelo Espírito Santo. É viver em Cristo. O chamado de Cristo é para segui-lo, não apenas para admirá-lo, estudá-lo ou sentir-se empolgado com ele. A identidade cristã é essencialmente afetiva. É determinada pela forma que vivemos em Cristo, pelo amor que demonstramos a ele em nossa obediência e entrega sacrificial. Os dogmas e as verdades bíblicas, como eu já disse, e volto a afirmar, são indispensáveis, porém a verdade cristã não está em um conjunto de dogmas, mas em uma pessoa, Jesus de Nazaré. Crer nele é crer em tudo o que ele viveu e falou. É crer em tudo o que seus apóstolos ensinaram a seu respeito. No entanto, um conhecimento apenas racional, que não corresponde a um relacionamento pessoal, não é a fé em Cristo, é fé no próprio conhecimento.

É fácil entender por que Paulo faz um convite como este: *Sede meus imitadores, como também eu sou de Cristo*. Para ele, o "viver é Cristo". Por causa do seu encontro com Cristo no caminho de Damasco ele reconheceu que diante da beleza e sublimidade de tudo aquilo que Cristo representa, tudo mais perde seu valor, brilho e glória. É por causa dessa beleza sublime que ele vê em Cristo que decide deixar para trás tudo o que outrora representou seus valores e glórias, para seguir Cristo e ser como ele.

O Espírito Santo e a nossa comunhão com Cristo

Um exemplo próximo do significado de estar unido a Cristo é o casamento. Ser "uma só carne" é o grande mistério que envolve o relacionamento de um homem e sua esposa, bem como o de Cristo e sua igreja. Ser "uma só carne" não implica uma fusão de seres, uma perda de identidade pessoal. Ao firmar uma aliança de amor, o casal entra em um relacionamento de entrega e doação voluntária e pessoal, de forma que, com o passar do tempo, vão criando uma união de amor na qual já não são mais capazes de pensar, planejar e viver sem levar em conta o outro. A interpenetração de um no ser do outro sem que percam sua identidade pessoal é o que significa "tornar-se uma só carne".

O que todo casal que vive e experimenta essa relação de autodoação voluntária e constante motivada pelo amor pessoal descobre é que quanto mais se doam, mais verdadeiros e livres se tornam. Eu me torno mais verdadeiro e mais livre quanto mais me entrego em amor pela minha esposa. Mesmo depois de trinta anos de casado, eu e minha esposa permanecemos distintos um do outro. Cada um tem sua singularidade, mas não vivemos mais sem reconhecer e considerar o outro em tudo o que fazemos. Eu vivo nela e ela vive em mim, e essa comunhão define quem somos, o que fazemos e a forma como vivemos.

Em nossa união com Cristo, o Espírito Santo toma tudo aquilo que é de Cristo e o torna nosso, e toma o que é nosso e o faz de Cristo. É ele quem compartilha conosco a vida de Cristo e torna a nossa comunhão com ele possível. Ele é o Espírito da comunhão, do relacionamento. O que ele faz não é fundir o nosso ser com o ser de Cristo, mas nos levar a uma comunhão verdadeira e íntima com ele, de forma que podemos dizer como Paulo, *já não sou em que vive, mas Cristo vive em mim*. É por meio dessa comunhão que participamos da vida de Cristo.

Uma vez que Cristo se revelou a nós e nós o reconhecemos como o Filho de Deus que nos foi dado para nossa redenção, que morreu pelos nossos pecados e ressuscitou para nossa completa redenção e dizemos "sim" ao seu chamado para segui-lo, entramos para um novo mundo, o mundo de Deus, que o apóstolo Paulo chama de "nova criação". Se o "primeiro

Adão" fracassou em virtude da sua opção pela desobediência e por querer ser seu próprio deus, o "segundo Adão" realiza, de forma plena e verdadeira, a humanidade pretendida por Deus em sua criação. Se o "primeiro Adão", em virtude da desobediência, foi expulso do Paraíso e passou a viver no exílio, como se estivesse morto, o "segundo Adão, em virtude de sua obediência e ressurreição, abre o caminho para a libertação do cativeiro e para o 'novo céu e a nova terra'".

A linguagem que Paulo usa é exatamente a do exílio, que representa a morte, e a libertação do exílio, que representa a vida. É assim que ele escreve aos efésios: *Ele lhes deu vida, quando vocês estavam mortos em suas transgressões e pecados, nos quais vocês andaram noutro tempo, segundo o curso deste mundo...* (Ef 2.1s). O que significa essa morte? Estavam mortos quando, no passado, andavam seguindo o curso deste mundo. Que caminho é esse? É como se Paulo estivesse dizendo aos seus leitores o seguinte: "Vocês, no passado, estavam mortos porque viviam do jeito que o povo de Éfeso costumava viver. Vocês haviam abraçado os mesmos valores, conceitos, formas de se relacionar. Vocês não incluíam Deus nos seus caminhos, não consideravam o que Deus pensava sobre a vida, o amor, relacionamento, casamento, trabalho, nada. Vocês haviam virado as costas para o Criador e passaram a viver do jeito que todos vivem. Vocês estavam mortos, exilados da presença de Deus".

Muitos cristãos vivem hoje dessa forma, do mesmo jeito que os brasilienses, paulistanos, cariocas vivem. É claro que vamos à igreja aos domingos. Certamente não fazemos algumas coisas que alguns que não conhecem Cristo costumam fazer. No entanto, ser "sal da terra", "luz do mundo", "ovelhas no meio de lobos", criaturas completamente renovadas, com valores, ética e relacionamentos moldados por Cristo, ser "povo de Deus", cultivar uma devoção e espiritualidade como a de Cristo, marcada pela obediência, orando como Cristo: "não a minha vontade, mas a tua", faz de nós um povo liberto do exílio, que vive a presença do Reino de Deus e caminha para sua plena realização.

É isso que Paulo busca demonstrar para os cristãos de Éfeso quando afirma:

> Mas Deus, sendo rico em misericórdia, por causa do grande amor com que nos amou, e estando nós mortos em nossas transgressões, nos deu vida juntamente com Cristo — pela graça vocês são salvos — e juntamente com ele nos ressuscitou e com ele nos fez assentar nas regiões celestiais em Cristo Jesus (Ef 2.4-6).

Pela ressurreição de Cristo, um novo caminho se abre diante de nós. Um novo mundo se apresenta a nós: o mundo de Deus, a "nova criação" realizada em Cristo. A linguagem de Paulo é exuberante quando ele afirma que agora, em virtude da grande misericórdia de Deus e da gloriosa ressurreição de Cristo, Deus nos fez assentar nas *regiões celestiais em Cristo Jesus*. Deixamos um estado de morte e exílio. Uma vida miserável na qual a única alternativa que tínhamos era ser do jeito que todos eram, viver da forma como todos viviam, insistindo em subir a escada rolante pelo lado que desce. Cristo nos libertou para viver de um novo jeito, do jeito que Deus deseja que vivamos. Esse novo jeito é a humanidade verdadeira e real de Cristo. "Assentar nas regiões celestiais" é participar desse novo mundo no qual Jesus foi o primeiro a viver.

É isso que o Espírito Santo realiza em nós. É ele quem abre nossos olhos para ver e compreender a nova realidade afirmada pela vida, morte e ressurreição de Jesus. É ele quem nos faz compreender e responder em obediência ao chamado de Cristo para segui-lo. Não entramos sozinhos nesse caminho. Não somos capazes de responder a ele por nossa própria conta. É o Espírito Santo quem nos une a Cristo. É ele quem nos oferece os meios para seguir no caminho do discipulado transformador em direção a Cristo.

A NOVA CRIAÇÃO

A "nova criação" é um tema central nas cartas de Paulo. Escrevendo aos colossenses, ele afirma:

> *Portanto, se vocês foram ressuscitados juntamente com Cristo, busquem as coisas lá do alto, onde Cristo vive, assentado à direita de Deus. Pensem nas coisas do alto, e não nas que são aqui da terra. Porque vocês morreram, e a vida de vocês está oculta juntamente com Cristo, em Deus. Quando Cristo, que é a vida de vocês, se manifestar, então vocês também serão manifestados com ele, em glória* (Cl 3.1-4).

Ele começa com o verbo, indicando um fato já realizado: *vocês foram ressuscitados juntamente com Cristo*. A ressurreição de Cristo inaugurou a nova criação. Já participamos dessa nova realidade. A ressurreição não é algo que irá acontecer: já aconteceu. Não aconteceu apenas com Cristo, mas com todos os que creem nele. A ressurreição afirma uma nova realidade, da qual todos os que reconhecem Jesus como o primogênito, o primeiro fruto da nova humanidade, participam dela.

Uma vez que participamos da vida ressurreta de Cristo, tudo muda. Passamos a "pensar nas coisas lá do alto, e não nas que são aqui da terra... porque a nossa vida está oculta juntamente com Cristo". Pensar nas coisas do alto não significa simplesmente pensar no céu, entendendo o céu como o lugar para onde vamos depois de morrer. Pensar e buscar as coisas do alto significa viver hoje a partir dessa nova realidade. Significa que passamos a pensar em tudo aquilo que envolve o mundo de Deus, a "nova criação", o Reino de Deus. Buscamos viver a partir da realidade que a ressurreição abre para nós. Deixamos de buscar as coisas daqui. Descobrimos que há uma vida maior, mais sublime e gloriosa em Cristo. Uma vida oculta nele. Não se trata apenas da "vida eterna", muitas vezes compreendida como algo meio etéreo, distante, que só acontecerá depois da morte, mas uma vida para ser vivida hoje, e que será plenamente consumada na revelação final de Cristo.

A preocupação de Paulo é totalmente voltada para a realidade presente. É por isso que ele diz: *Portanto, façam morrer tudo o que pertence à natureza terrena...* (Cl 3.5-11). Que natureza é essa? É a vida que segue o curso deste mundo, da cultura que nos envolve, o jeito que a humanidade caminha no seu caminho sem Deus, sem temor, sem redenção e esperança. É como se Paulo fizesse um apelo dizendo: "Não abracem tudo o que a cultura oferece. Eles falam de amor, mas só pensam em sexo. Eles falam de sucesso, mas não se importam com a vida dos outros. Dizem que o que importa é a felicidade, mas não dão a mínima para a felicidade de ninguém. Eles seguem o caminho do velho Adão. Acham que são melhores e mais sábios que o Deus Criador. Há muito que viraram as costas para ele. Não sigam por esse caminho, vocês já morreram para ele".

"Pensem nas coisas lá do alto." Tragam a realidade do Céu para a Terra. Vivam a partir dela. À medida que nos entregamos a Cristo em uma união de amor, experimentamos nele uma nova liberdade e um novo significado. Descobrimos que nossa identidade se encontra nesse relacionamento com ele e é sustentada por ele. Em uma de suas conversas derradeiras com seus discípulos, Jesus lhes disse que: *"Permaneçam em mim, e eu permanecerei em vocês"* (Jo 15.4). Permanecer em Cristo e Cristo permanecer em nós significa que, tudo aquilo que pertence a Cristo, pertencerá a nós. Se nós permanecemos nele e ele em nós significa que seu amor estará em nós. Que sua misericórdia será a nossa misericórdia. Que sua justiça, bondade, generosidade, coragem, simplicidade, sensibilidade, criatividade, compaixão, mansidão, fidelidade, obediência, humildade, pureza, paz e tudo mais que estão nele, estarão em nós. É isso que significa comunhão — a participação de um no ser do outro.

Voltando à declaração de Paulo, fica agora mais fácil compreender por que é difícil para nós, cristãos individualistas e funcionais pós-modernos, dizer: *Sede meus imitadores, como também eu sou imitador de Cristo*. Por causa da impessoalidade da nossa fé, é bem mais fácil dizer: "Imitem Cristo, não a mim; olhem para Cristo, não para mim; em Cristo, vocês nunca irão se decepcionar, pois ele jamais falha, mas eu falho, piso na bola, decepciono". Uma resposta assim apenas revela o caráter impessoal da nossa fé. Paulo certamente decepcionou muita gente, cometeu muitos erros e se considerava um grande pecador. No entanto, ele não diz: "imitem Cristo, não a mim" ou "olhem para Cristo, não para mim". Mesmo considerando-se um grande pecador, ele afirma: *Sede meus imitadores, como também eu sou imitador de Cristo*. O que o levava a fazer tal declaração?

AFETOS REORDENADOS POR CRISTO

Paulo sabia que a vida cristã é dinâmica. Ou andamos em direção a Cristo, ou andaremos na direção oposta a ele. Não temos escolha. Ou imitamos Cristo ou imitaremos outra coisa, não temos como fugir disso. Ou adoramos a Cristo, ou iremos adorar outros ídolos. O problema é que, quando digo para não me imitarem, para não olharem para mim, estou também dizendo que a minha vida não reflete a humanidade gloriosa e verdadeira de Cristo, que não é a sua humildade e mansidão que eu mais desejo refletir, que não é ele que eu sigo em obediência e amor.

Na verdade, essa é uma forma de assumir uma vida cristã limitada e confusa. Uma fé que existe apenas para atender interesses privados. Um cristianismo secularizado. Temos convicções corretas, mas afetos desordenados. Defendemos a sã doutrina, mas ela tem pouca relevância para a vida. Cremos com a mente, mas o coração está distante. Nós nos empolgamos no culto de domingo, mas ele não tem relevância alguma para o trânsito da segunda ou a reunião com o chefe tirano na terça. Temos convicções bíblicas, com hábitos religiosos, e mentes e comportamentos secularizados.

Tempos atrás estava relendo aquela pequena narrativa no final do capítulo 2 de Atos sobre a vida na comunidade de Jerusalém logo após Pentecostes. O texto nos diz que estavam sempre juntos, que perseveravam na doutrina dos apóstolos, na comunhão, no partir do pão, nas orações, havia temor para com Deus, dividiam seus bens e ajudavam a todos os necessitados. Visitavam uns aos outros, evangelizavam e, se fosse necessário vender um patrimônio para socorrer alguém em necessidade, eles o faziam com grande alegria. Li e reli aquela belíssima narrativa e, depois de algum tempo meditando nela, pensei comigo: ninguém deseja isso hoje. É um quadro bonito de se ver, um cenário que vale a pena admirar e comentar. Falamos da igreja primitiva com orgulho e com um desejo de que a igreja de hoje fosse como aquela, mas na verdade não queremos isso, somos muito modernos e muito individualistas para querer viver assim. Admiramos, mas não assumimos. Achamos lindo, chegamos até a pregar sobre essa igreja, mas não é a igreja que queremos. Não é a vida que buscamos. No entanto, aquela era, de fato, a vida da nova criação. Aquela comunidade era um sinal visível de que o novo mundo de Deus havia começado.

É essa ruptura que nos impede de declarar: *Sede meus imitadores, como também eu sou imitador de Cristo*. Cremos em Cristo, mas não desejamos sua vida, muito menos seu sofrimento. Queremos que ele nos abençoe, mas não queremos abençoar nossos inimigos, amando-os. Queremos seu perdão, mas não estamos dispostos a perdoar nossos ofensores e aqueles que nos devem. Queremos ser curados de nossas feridas, mas não temos o menor interesse nas feridas que causamos no cônjuge ou nos filhos. Precisamos de sua misericórdia, mas não temos paciência alguma para andar a segunda milha, muito menos oferecer a outra face para quem nos ofende. Não há em nós qualquer disposição para a compaixão que Jesus demonstrou ter para com os pobres, doentes, famintos e injustiçados do mundo. Não queremos ser perseguidos por causa da justiça e nem reconhecemos as bem-aventuranças como o caminho da verdadeira felicidade. Sabemos do valor da oração e conhecemos como ninguém a oração que Jesus ensinou, mas não a oramos. Não oramos pela santidade do nome dele, pela manifestação do seu Reino ou pela realização da sua vontade. Oramos mais pelo nosso bem-estar, pelas realizações dos nossos planos e pela plena satisfação de nossas vontades mesquinhas.

O mesmo acontece com as grandes doutrinas cristãs. Cremos na ressurreição, mas não vivemos movidos pelo poder decorrente dela. Cremos na Bíblia como Palavra de Deus, mas nossa mente não é moldada por ela, nossa cosmovisão é secularizada. Cremos no Reino de Deus que Jesus inaugurou, no Reino já presente e que será plenamente manifestado quando Cristo vier novamente, mas não vivemos como súditos do Rei, nem como cidadãos da nova Jerusalém. Cremos na cruz e cremos que não há salvação em outro, senão somente em Cristo, mas não nos entregamos à tarefa de fazer discípulos de todas as nações, ensinando-os a guardar todas as palavras de Jesus e integrando-os em uma comunidade trinitária.

Não estou dizendo que não cremos nessas verdades, cremos em todas elas e pregamos sobre elas, mas é só isso. Nossas convicções são corretas, mas isso não é tudo. A espiritualidade cristã implica uma nova forma de viver, no ser uma "nova criatura", em "buscar as coisas lá do alto", em reconhecer a vida "oculta" em Cristo. Implica provar o poder da ressurreição, estar unido a Cristo e viver a vida que há nele. Precisamos de uma doutrina encarnada, uma verdade que transforma, uma vida moldada e sustentada pelo alicerce que é Cristo.

Paulo adquiriu uma nova identidade a partir do seu encontro com Cristo na estrada de Damasco. Até ali ele era um homem respeitado, intelectualmente bem preparado, um religioso zeloso e que conhecia profundamente a Torá. Ele mesmo se considerava acima da média dos jovens do seu tempo. Tinha convicções claras, era comprometido e apaixonado pela sua fé. Quando Cristo se revelou a ele na estrada de Damasco tudo mudou. Ele conheceu não apenas a verdade cristã, mas a pessoa de Cristo, que se revela a ele como o Senhor ressurreto.

Esse encontro levou Paulo a compreender que a fé cristã não é simplesmente um conjunto de doutrinas, normas e preceitos, mas um relacionamento transformador com uma pessoa que enfrentou o mal e venceu a morte, e que nos convida a segui-la no caminho do discipulado e da obediência.

É importante insistir em dizer que, para Paulo, uma declaração como essa não implica assumir alguma forma de perfeição ou algum status de superioridade. Como já disse e insisto, Paulo, como eu ou você, era um pecador que precisava, todos os dias, tomar sua cruz de renúncia e obediência para prosseguir no caminho do discipulado. No entanto, isso não muda o foco da sua atenção, a natureza do objeto do seu afeto, o trono da sua adoração, o Senhor da sua devoção e obediência. Apesar do pecado e da luta diária contra ele, é em direção a Cristo que ele caminha, é da vida de Cristo que ele se alimenta, é a humanidade de Cristo que ele deseja, é a glória de Cristo que ele procura refletir.

É nessa relação de comunhão pessoal que Paulo afirma sua identidade. Ele está em Cristo. Sua vida encontra-se nele. Sua liberdade não é fruto de sua independência, mas de sua obediência. Quanto mais ele se via em Cristo, tanto mais livre se percebia. Paulo entendeu que somos aquilo que amamos ou o que adoramos, portanto, quanto mais ele se encontrava em Cristo, amando-o, adorando-o, mais humano e mais verdadeiro ele se via.

É exatamente isso que encontramos na relação de Jesus com o Pai. Na perfeita comunhão de amizade entre eles, encontramos a mais perfeita e clara identidade neles. O Filho permanece como Filho porque vive em eterna e perfeita comunhão e obediência com o Pai. Por outro lado, a identidade do Pai permanece no Filho porque o Pai depende do Filho para ser conhecido e adorado. Na perfeita interdependência de um no ser do outro, encontramos a perfeita liberdade. Para Paulo, a liberdade é fruto do amor e não uma forma de independência. Quanto mais amamos, mais livres, humanos e verdadeiros nós nos tornamos. É o oposto daqueles que acham que, quanto mais independentes, individualistas ou autossuficientes, mais livres e verdadeiros serão. Essa é a mentira do pecado.

Paulo sabia a quem ele mais amava, a quem pertencia e diante de quem se encontrava. Ele reconhecia que Cristo o havia conquistado, que seu corpo era o "templo do Espírito Santo", que não vivia mais para si, mas para aquele que o amou e se entregou por ele. Compreendeu que foi criado por Deus e para Deus, e que fora desse relacionamento de amor e comunhão não existe liberdade, muito menos significado.

Tudo isso nos ajuda a compreender melhor o caminho da vida cristã, a discernir o significado da espiritualidade bíblica, a natureza do Reino de Deus e o chamado de Cristo para sermos seus discípulos. A doutrina da *Imago Dei* nos oferece um caminho para prosseguir de forma madura em nossa jornada de fé em direção a Cristo.

7. A *IMAGO DEI* E O SIGNIFICADO DO PECADO

Friedrich Nietzsche (1844-1900), filósofo alemão, foi quem diagnosticou o niilismo como a "doença do século". De certa forma ele "profetizou" o fim de uma era dominada pela teologia para uma era dominada pela ciência e pela tecnologia, e concluiu que, com o fim da teologia, chegaria também o fim dos princípios e valores mais supremos que deram sentido à civilização. O niilismo seria a falência da "verdade absoluta", da impossibilidade de qualquer princípio para avaliar ou julgar as coisas. Visto como um longo processo, o niilismo alcança seu auge na "morte de Deus".

Deus morreu! A morte de Deus é a constatação do niilismo da modernidade, é o diagnóstico da ausência cada vez maior de Deus no pensamento, na moral e nas práticas do Ocidente moderno. O homem moderno substituiu a confiança em Deus pela confiança na ciência. Substituiu os mandamentos de Deus pela idealização do prazer ilimitado. Ao substituir a teologia pela ciência, o ponto de vista de Deus pelo ponto de vista do homem, provocou uma ruptura com os valores absolutos. Isso é o niilismo, o vazio, a perda da esperança transcendente, a perda da relevância de Deus.

Entramos no século 21 com um novo tipo de ateísmo. Não se trata da descrença, mas da irrelevância de Deus. Muitos continuam crendo em Deus, indo às suas igrejas, batizando seus filhos, casando-se em uma cerimônia religiosa. Deus está em alta. Fala-se muito sobre ele, mas o reduzimos a uma esfera limitada e privada. Hoje temos recursos e ferramentas tecnológicas para "quase" tudo. Se nós temos algum problema com a saúde, o primeiro recurso que buscamos são os especialistas. Se o problema é de natureza emocional, afetiva, sexual, nós buscamos um bom terapeuta. Se nós queremos plantar uma igreja, consultamos os especialistas que darão todas as ferramentas necessárias para se plantar uma igreja e fazê-la crescer. Nossas livrarias estão abarrotadas com os manuais para um matrimônio perfeito, como criar filhos felizes e obedientes, obter plena satisfação sexual no casamento, passos para uma oração eficaz, como conseguir a plenitude do Espírito Santo e muitos outros "como fazer". Podemos enfrentar e resolver "quase" todos os nossos problemas com a ajuda da tecnologia.

É claro que os avanços científicos são uma rica e boa contribuição para a humanidade. As ferramentas e recursos tecnológicos que temos disponíveis e que tornam a comunicação e o trabalho mais eficientes são também uma extraordinária contribuição. O problema que a sociedade moderna enfrenta é que à medida que avançamos na ciência e na tecnologia, vamos reduzindo a necessidade de Deus, a dependência dele e a relevância da comunhão com ele. Chamamos uma boa música de adoração, um convívio agradável de comunhão, uma moral sadia de santificação, assiduidade nos programas da igreja de compromisso com o Reino de Deus.

As técnicas não apenas criam atalhos para os caminhos complexos da vida, como procuram inverter os polos de atenção e dependência. Tornamo-nos mais dependentes das ferramentas tecnológicas e dos recursos da ciência do que de Deus, acreditamos mais na eficiência da tecnologia do que na graça, buscamos mais a competência do que a unção; cremos mais na propaganda do que no poder do Evangelho. Igrejas contratam profissionais de gestão para elaborar seu planejamento estratégico. Insisto em afirmar que nada disso é, em si, um problema. O problema é que, no meio de tudo isso, Deus tem se tornado irrelevante. Tornamo-nos crentes ateus.

O pecado deixou de ser um princípio de análise e compreensão da natureza humana, perdeu sua dimensão antropológica. Nossos problemas são analisados, compreendidos e tratados pela ciência. Praticamente todo o comportamento humano é hoje diagnosticado e rotulado pela ciência. Se alguém adultera e trai seu cônjuge com certa frequência, sofre de um transtorno sexual compulsivo, que é tratado com remédios e alguma terapia. O velho egoísmo e a busca humana por ser seu próprio deus é tratado como um transtorno de personalidade narcisista. A causa real dos problemas humanos deixou de ser analisada e compreendida pela teologia e passou a ser objeto de estudo de outras ciências.

É claro que o problema não está na ciência ou na tecnologia, nem nos remédios ou nas terapias, mas na "morte de Deus", como profetizou Nietzsche. Deus não está morto no sentido de que a civilização ocidental tornou-se descrente, muito pelo contrário. Nunca as igrejas cresceram tanto como têm crescido nos últimos anos. Nunca o ser humano demonstrou tanto interesse pela "espiritualidade" como tem feito nas últimas décadas. Contudo, a busca do ser humano por Deus ou pela "espiritualidade" não tem como objetivo nem Deus, nem o amadurecimento espiritual, mas a busca narcisista pela autorrealização.

A história de Fausto (Goethe — 1749-1832) é considerada um símbolo cultural da modernidade. Ela retrata a vida de um médico e intelectual alemão que, entediado e desiludido com o conhecimento que não lhe deu significado, e com a vida que não tinha mais sentido, faz um pacto com o demônio Mefistófeles, que se oferece para atender todos os seus desejos e vontades. Ele então se entrega aos prazeres nos vinte e quatro anos que fica sem envelhecer, em virtude do pacto que fizera, assinado com seu próprio sangue e, no fim deles, é levado para o inferno e a morte.

A busca obsessiva pela autorrealização tem levado o ser humano a pagar um preço muito alto para consegui-la. Neste vale-tudo da satisfação imediata as pessoas se entregam sem limites e sem controle, seja à dieta ou ao sexo, ao consumo ou à malhação, expondo o corpo e a alma aos demônios modernos que se oferecem para atender a todos os desejos e vontades. Tudo é feito com intensidade, sem qualquer uso da razão ou do bom-senso, e com um custo espiritual, emocional e físico muito elevado.

O tédio, as incertezas, a negação do sagrado e dos valores éticos e morais, tornam o ser humano vulnerável aos Mefistófeles modernos. Tiago, em sua pequena carta, apresenta-nos, em uma rápida descrição, a forma como o pecado é concebido, e suas consequências para o corpo e a alma:

> *Ninguém, ao ser tentado, diga: "Sou tentado por Deus." Porque Deus não pode ser tentado pelo mal e ele mesmo não tenta ninguém. Ao contrário, cada um é tentado pela sua própria cobiça, quando esta o atrai e seduz. Então a cobiça, depois de haver concebido, dá à luz o pecado; e o pecado, uma vez consumado, gera a morte* (Tg 1.13-15).

Para Tiago, a tentação que dá à luz o pecado vem de nós, somente de nós. Não temos como responsabilizar ninguém, apenas nossa cobiça, que nos seduz, alimenta a luxúria interior de cada um, engravida e dá à luz o pecado, que nasce, cresce, fica adulto e se transforma em um terrível assassino, do espírito e da comunidade.

O pecado continua sendo o grande problema do ser humano. Por outro lado, o que acontece hoje é que ele não representa mais um grande problema, pelo contrário, chega a ser glamourizado. Aquilo que, no passado, foi repudiado, hoje é visto como virtude: ambição, vaidade, promiscuidade, consumo são comportamentos em alta. Com o avanço da ciência, o pecado deixou de ser um conceito teológico para se transformar em "doença" e ser tratado com remédios. A dor da culpa que Davi sentiu por ter ofendido Deus e o próximo, que ele descreve nos salmos de confissão, hoje não é mais tratada com arrependimento e confissão, mas com terapia e Prozac. No entanto, a raiz do problema da humanidade continua sendo o pecado, a cobiça de cada um de nós, que vem dando à luz esse assassino serial, colocando em risco a pessoa, a família e a sociedade.

Sabemos que a força última que move o ser humano é seu desejo por Deus. Agostinho expressa assim esse desejo: "Contudo, esse homem, uma partícula da tua criação, quer louvar-te. Tu mesmo o incitas a deleitar-se nos teus louvores, porque nos fizeste para ti e o nosso coração está inquieto enquanto não descansar em ti".[31] Por outro lado, se Deus não permanece no centro dos nossos desejos, eles se tornarão vulneráveis e confusos, levando-nos a ceder às seduções da mentira e do engano, envolvendo-nos em ilusões e paixões, em uma busca insana de falsas realizações, adoecendo a alma e assassinando o corpo.

O que Tiago ou a história de Fausto nos revelam é que o personagem pensa que está no controle de tudo, gozando a vida como lhe agrada, entregando-se a todos os desejos e prazeres, porém só fica sabendo às vezes tarde demais que viveu uma grande ilusão e tornou-se menos real do que a figura sombria que o seduziu.

Uma das características culturais do nosso tempo é o avanço da secularização. Sabemos que, do ponto de vista sociológico, a secularização é um conceito muito amplo e se aplica a diversas situações. Do ponto de vista religioso, é o processo de exclusão de Deus e das instituições religiosas da esfera pública, confinando-os na esfera privada. Deus só tem

---
31 Agostinho, Santo. *As Confissões*.

significado ou relevância para minha vida pessoal, familiar ou, quando muito, igreja.

Sabemos que a civilização ocidental foi construída sobre os alicerces da herança judaico-cristã. Os Dez Mandamentos, com seus desdobramentos, sempre formaram a base moral e ética da sociedade. A secularização empurrou esses conceitos e toda a rica herança que recebemos para o mundo privado, relativizou a moral e, na ausência de outro referencial, vivemos uma sociedade que procura, porém em vão, encontrar algum outro referencial para sua moral social.

Por outro lado, a compreensão do pecado sempre sofreu uma forte influência da cultura e da moral circundante, portanto é de se esperar que à medida que a cultura se seculariza a compreensão do pecado desapareça. É um fenômeno presente não só na sociedade, mas também na igreja. Ouço muitos cristãos preocupados com a ausência de absolutos morais na sociedade, mas é possível perceber essa ausência dentro da igreja cristã, particularmente com a nova geração.

Sempre fomos inclinados a estabelecer uma relação entre o pecado, a moral e a lei — refiro-me aqui não à lei no sentido bíblico (mandamentos), mas à legislação em vigor. Aquilo que é ilegal e imoral é pecado. Para muitos cristãos o pecado é a quebra de princípios morais ou legais estabelecidos pela cultura. É claro que aqui me refiro, como já afirmei, a uma cultura que foi fortemente influenciada pela herança cristã. No entanto, à proporção que a sociedade se afasta desses valores e passa a negar essa herança, a consciência do pecado se enfraquece. É o que diz a música de Chico Buarque: "Não existe pecado do lado de baixo do Equador".

Outro aspecto importante nesse processo de perda da consciência do pecado vem da forte influência do movimento fundamentalista do início do século 20. O fundamentalismo, no princípio, foi uma reação ao liberalismo teológico europeu. Os cristãos viram-se obrigados a se posicionar contra algumas correntes que negavam os fundamentos da fé cristã. Até aí tudo ia bem. O problema foi quando esses fundamentos deixaram de ter um caráter teológico para incluir várias normas morais, fundamentais, segundo eles, para moldar a identidade do cristão.

A consciência cristã fundamentalista do pecado sempre teve parâmetros culturais muito claros e definidos. Ser crente era não fumar, beber ou dançar. Os cônjuges deviam ser fiéis no matrimônio até a morte, os homens eram os cabeças da família, provedores das necessidades do lar, e as mulheres eram submissas a eles e zelavam pela ordem no lar e pela conduta dos filhos. Todos os cristãos zelavam pelos seus deveres como cidadãos, sempre honestos no trabalho, cidadãos respeitados, pagavam seus impostos e respeitavam as autoridades civis constituídas. Eram zelosos nos compromissos religiosos, entregavam o dízimo de suas rendas e davam todo o apoio aos seus líderes, pois estes eram ungidos por Deus para aquele serviço. Os jovens deveriam permanecer castos até o casamento, longe de toda a pornografia e jamais se envolver com qualquer atividade mundana. Qualquer transgressão a esses princípios era considerada pecado.

É claro que a lista é bem mais longa, mas o que importa aqui é a forma reduzida e fortemente influenciada pela cultura para compreender a natureza do pecado. Essa forma de compreender o pecado fez com que a moral cultural estivesse de alguma forma atrelada à moral religiosa. O que a igreja considerava errado, a cultura também considerava e vice-versa. O que a igreja considerava pecado, a sociedade reconhecia como doença, anomalia, corrupção dos bons costumes.

De certa forma era fácil identificar e reconhecer o pecado. As fronteiras entre o certo e o errado eram muito claras. Esses princípios morais constituíram a nova cultura protestante. Diante da tendência moralista e/ou legalista do mundo religioso, nós nos tornamos prisioneiros do clima cultural, político e econômico. Fala-se hoje da secularização da fé e do relativismo moral. Há uma forte preocupação com a "mundanização" da igreja e, consequentemente, com o esvaziamento de sua agenda moral. A civilização ocidental cristã desenvolveu uma cultura cristã que, ao passar pelo processo de secularização, perdeu sua agenda moral. Hoje não é mais a igreja que define a moral, mas a cultura secularizada.

O problema que a grande maioria não previu foi que a secularização, o processo de exclusão da religião da esfera pública e social, cresceu com uma velocidade espantosa e, à medida que crescia, enfraquecia a consciência religiosa de pecado, porque a sociedade tornava-se cada vez menos exposta à influência cristã. E como a igreja ancorou sua moral na cultura secular, uma vez que esta cultura rejeita a herança cristã e relativiza seus valores, a igreja se vê confusa porque as fronteiras já não são mais tão claras.

O que vemos hoje é uma profunda crise de identidade cristã. Se no passado a identidade do cristão era facilmente definida — não fuma, não bebe e não dança — hoje esses valores não são mais suficientes para identificar um cristão. O mesmo aconteceu com o pecado. Identificá-lo era tarefa simples, bastava quebrar as regras morais ou legais que lá estava ele. Hoje vivemos em uma sociedade que relativizou suas regras morais e rompeu com o legalismo. O que antes era pecado hoje não é mais ou, pode até ser, mas não existe mais um consenso sobre ele. Descobrimos que o legalismo e o moralismo têm pouco a ver com a santidade. O que fazer?

Para além do moralismo e do legalismo

O pecado é um conceito teológico e espiritual. É comum encontrar outras ciências, como a sociologia, a antropologia ou a psicologia, com suas teorias para compreender o ser humano. No entanto, do ponto de vista cristão o pecado é um conceito fundamental para a antropologia, mas só pode ser compreendido bíblica e teologicamente. A doutrina da *Imago Dei* é fundamental para uma compreensão mais abrangente da natureza da queda e do pecado. A partir dela, podemos perceber que o pecado é tudo aquilo que deforma ou compromete a imagem de Deus em nós. Ao afirmar: *Sede meus imitadores, como também eu sou imitador de Cristo*, Paulo coloca-se em um caminho no qual o que importa é ser conformado à imagem de Jesus Cristo, tornar-se parecido com ele, e tudo aquilo que impede essa "imitação" ou semelhança deve ser considerado um pecado.

Uma forma de demonstrar isso é dar uma olhada para a lista das "obras da carne" (Gl 5.19-21) que Paulo apresenta na Carta aos Gálatas. Se nossa percepção do pecado é apenas moralista ou legalista, seremos levados a dar um peso maior a alguns "pecados" e menor a outros. Daremos maior peso à imoralidade, ao adultério, à prostituição e à lascívia. Daremos um peso médio à idolatria (muitos cristãos não acham que, para eles, isso represente algum pecado), inimizades, discórdias e dissensões. Daremos um peso baixo ao ciúme, à inveja e glutonaria. Por que fazemos essas distinções? Por que consideramos alguns pecados mais graves que outros? Por que alguns pecados nunca estão presentes em nossas confissões? Pessoalmente, nunca vi um cristão confessando sua glutonaria. Talvez a razão para isso seja que nossa percepção do pecado tem sido moldada pela cultura moralista e legalista e não pela Bíblia e pela teologia.

No entanto, para Paulo o pecado não é um conceito moral, muito menos legal, embora possa envolver os dois. O pecado é a profanação da criação. Tanto o adultério quanto a inveja profanam o propósito de Deus para sua criação. A idolatria e a feitiçaria são mecanismos de manipulação religiosa nos quais os fins justificam os meios, tirando Deus do seu trono eterno, substituindo-o por promessas criadas por nós, descartando o mistério da Trindade e buscando formas de comercializar o culto. Inimizades, contendas, ciúmes, iras, discórdias, dissensões, facções e ciúmes são expressões variadas do egoísmo, do espírito competitivo, que não se importa com o outro, das relações possessivas, das lutas pelo poder, dos interesses privados em detrimento da justiça, da imposição das escolhas pessoais sobre as verdades universais, da incapacidade de se alegrar com o outro, da necessidade de manipular a verdade e conquistar apoio mediante o engano e a mentira. Bebedices e glutonarias são caminhos de fuga para evitar o contato com a realidade. A embriaguez e a glutonaria são o cardápio da orgia, do ingresso ao mundo da ilusão e da mentira.

Essas "obras da carne", cuja lista poderia se estender indefinidamente, são o retrato de uma humanidade que virou as costas ao Criador, que já não reflete mais a beleza da humanidade plena e verdadeira de Jesus Cristo. Para o apóstolo Paulo, o pecado é isso. Restringir esse conceito a um moralismo cultural compromete a verdade bíblica e nos transforma em legalistas hipócritas.

Quando Jesus se encontrou com aquele homem que a Bíblia descreve apenas como um "jovem rico", após uma breve conversa o moço deixa claro que era uma pessoa que, do ponto de vista legal ou moral, estava acima de qualquer suspeita. Desde sua infância havia aprendido a guardar os mandamentos, a honrar seu pai e mãe, a ser fiel a Deus e rejeitar todos os falsos deuses, a não cobiçar nada que não fosse seu, a respeitar o próximo e tudo o que os mandamentos prescrevem. Jesus estava diante de uma pessoa moralmente íntegra. No entanto, após esse breve interrogatório, no qual o rapaz se sai muito bem, Jesus olha nos seus olhos, com amor e bondade, e diz: "*Só uma coisa falta a você: vá, venda tudo o que tem, dê o dinheiro aos pobres e você terá um tesouro no céu; depois, venha e siga-me*" (Mc 10.21). Diz a Bíblia que o moço foi embora triste, pois era muito rico.

O que me chama a atenção nesse episódio é que Jesus é capaz de identificar o pecado fora do cenário moral e legal. Moral e legalmente falando, aquele moço estava limpo. Certamente sua riqueza era de origem honesta, talvez uma herança ou mesmo fruto do seu trabalho, não se sabe, mas sabemos que guardava os mandamentos, portanto é de se supor que não havia cobiçado nada que não fosse seu. Contudo, ao propor a ele vender tudo o que tinha e dar aos pobres, Jesus desmascara sua falsa pretensão ao dizer que queria herdar o céu, porque entre o céu e o seu dinheiro ele se vê confuso e, triste, afasta-se de Jesus. Seu amor, seus desejos e anseios ainda estavam presos ao dinheiro.

A proposta de Jesus ao jovem rico não foi uma proposta cruel como, muitas vezes, pensamos. Sua proposta o ajudou a ver quem ele realmente era, o que realmente queria e o que de fato buscava. O pecado tem suas raízes na alma humana, nos desejos e anseios do coração. É por isso que Tiago nos afirma que o primeiro passo para o pecado é a cobiça, aquele anseio que se encontra lá no fundo do coração, muitas vezes secreto, que alimenta nossas motivações. É a cobiça que engravida e, após um longo processo de gestação, dá à luz o pecado. Jesus não está preocupado apenas com as manifestações últimas do pecado, aquelas expressões grosseiras e grotescas da luxúria e da imoralidade, mas com o longo caminho que ele percorre até se mostrar na sua forma mais desumana.

A doutrina da *Imago Dei* nos ajuda a compreender o pecado de uma forma mais abrangente e bíblica. Em vez de vê-lo como acidente moral ou legal, passamos a vê-lo como aquilo que nos impede de refletir a humanidade real e verdadeira de Cristo. Esse conceito também nos ajuda a compreender a caminhada da vida cristã, porque a partir dele percebemos que a vida cristã é sempre dinâmica e nunca estática. Muitos cristãos não crescem espiritualmente, não amadurecem emocionalmente, por quê? Porque se esquecem de seu destino, não sabem para onde caminham. Mesmo sendo moralmente íntegros, permanecem emocional e afetivamente estagnados. Ou caminhamos em direção a Cristo, conformando-nos a cada dia à sua imagem, crescendo e fortalecendo nossa humanidade em relação a ele, ou retrocedemos em direção a uma humanidade autocentrada e egoísta. Não há alternativa.

O autor de Hebreus, no final do capítulo 11 e início do capítulo 12, tem uma imagem muito apropriada para essa jornada de fé. Depois de apresentar um elenco de homens e mulheres que viveram pela fé, ele encoraja os cristãos que viviam sob a ameaça da perseguição a olhar para aquela multidão de testemunhas, para aquele grande elenco que viveu ancorado em uma promessa e que, por causa de sua fé, lutou, venceu, conquistou, como também perdeu seus bens e até sua vida. O que define a fé daquelas pessoas não foi o que aconteceu com elas, se ganharam ou perderam, se fecharam a boca dos leões ou se foram devoradas por eles, se enfrentaram reis com seus exércitos e venceram ou se foram cortados ao meio pela espada, o que define a fé foi a capacidade de permanecer em um caminho, crendo em uma promessa, perseverando em um propósito comum.

Ao concluir o relato desse elenco de homens e mulheres que viveram pela fé, ele anima os seus leitores perseguidos dizendo:

Olhem para eles, mas, sobretudo, olhem para Cristo, o autor e consumador da fé. Procurem desembaraçar-se de tudo aquilo que os impede de andar, lutem contra o pecado, que está sempre impedindo vocês de caminhar, mantenham os olhos fixos em Cristo, procurem imitá-lo, porque ele trocou a alegria certa que tinha pela cruz, e não fez caso da humilhação que isso iria lhe proporcionar, porque sabia que a obediência é o melhor caminho. Por isso, ele hoje encontra-se assentado à direita do trono de Deus.[32]

É dentro desse contexto que somos chamados para lutar contra o pecado, não para simplesmente alcançarmos um comportamento mais ético, uma moral mais adequada aos padrões cristãos ou para viver dentro dos parâmetros da lei. Não lutamos contra o pecado apenas para sermos pessoas melhores e mais corretas. Tudo isso pode até acontecer, mas em nossa luta contra o pecado o que temos diante de nós é Cristo e nossa conformação com ele. Nosso destino humano e cristão é sermos encontrados nele, vivendo sua vida gloriosa. É por isso que lutamos contra o pecado, para sermos iguais a ele, mais semelhantes a ele. É a humanidade dele que define e revela o pecado humano e a razão para rejeitá-lo.

O que quero dizer é que o propósito da santidade ou da luta contra o pecado não é um alvo moral ou ético, mas espiritual e relacional. É certo que, a partir dessa transformação espiritual e de um novo relacionamento com Cristo pelo poder do Espírito Santo, seremos pessoas moral e eticamente melhores, sem sombra de dúvidas, mas esse não é o alvo, o alvo é Cristo, ou, como disse Paulo: *o prêmio da soberana vocação de Deus em Cristo Jesus* (Fp 3.14).

A Carta aos Hebreus nos afirma: *Na luta contra o pecado, vocês ainda não resistiram até o sangue* (Hb 12.4). É uma declaração muito forte. No entanto, se considerarmos o contexto, veremos o autor nos convidando a viver pela fé, perseverantemente,

---

32 Adaptação livre da passagem de Hebreus 12.1-3.

olhando firmemente para o Autor e Consumador da fé, Jesus (v.2). É nessa jornada que se dá a luta contra o pecado. Resistir-lhe é mais do que um esforço para não fazer alguma coisa errada, é desatar os nós e tudo aquilo que embaraça nossos pés para caminhar livremente em direção a Cristo. É preciso lutar contra o pecado, fazer o que o primeiro Adão não fez.

Muitas vezes ao longo da história os cristãos abraçaram, em nome da fé, uma moral e uma ética que tinha mais a ver com a cultura cristã e não com nossa humanidade em Cristo. Desenvolveu-se uma preocupação moralista, buscando identificar aquilo que pode e o que não pode, o que é certo e o que é errado, que acabou produzindo uma moral legalista cheia de regras que variavam de acordo com a cultura ou com a moral dominante.

É claro que o caminho da santidade requer a renúncia ao pecado, ao mundo e ao Diabo, contudo essa renúncia não se resume em alguns itens selecionados ao gosto do freguês, retirados da prateleira do supermercado da iniquidade. Na verdade, renunciamos a um caminho, a uma estrutura ou sistema. Ou seguimos Cristo no caminho do discipulado e da obediência, ou seguimos outros ídolos e paixões. Ou abraçamos o Reino de Deus com seus valores e ideais, ou nos amoldaremos ao reino deste mundo com suas mentiras e ilusões. O que define nossa escolha é aquilo no qual temos nos tornado ao longo do caminho, se mais parecidos com Cristo ou mais parecidos com os ídolos das nossas paixões. A santidade não é sinônimo de moralismo, mas sinônimo de Cristo. Ser santo é ser como Cristo.

O caráter de Cristo nos é revelado nas Escrituras. As bem-aventuranças são um exemplo disso. Se você quiser um retrato do mundo, do pecado e do Diabo, inverta as bem-aventuranças e você o terá. Em vez do pobre de espírito, você encontrará o arrogante, orgulhoso, prepotente, autossuficiente. Em vez do manso, você encontrará o poderoso, controlador, dominador. Em vez do limpo de coração, você encontrará o cínico, falso, dissimulado. Em vez do misericordioso, você encontrará o explorador, aproveitador, esperto, e assim por diante.

O trágico em tudo isso é que, quando olhamos para o espelho é exatamente isso que vemos. O cristianismo ocidental produziu uma cultura cristã que, uma vez secularizada, mostrou que nos parecemos mais com essa cultura do que com Cristo. Com exceção dos hábitos religiosos de domingo, que em parte são distintos do resto da cultura, seguimos nos outros dias da semana com os mesmos valores, ambições e ilusões. Não cremos que os humildes são bem-aventurados, nem que os mansos herdarão a Terra, na verdade, cremos que os poderosos e arrogantes é que são felizes porque, mesmo que não herdem o Reino dos céus, certamente conquistarão muito poder e riqueza. Não caminhamos o caminho de Cristo, não buscamos a humildade e a mansidão como grandes virtudes humanas, não valorizamos a pureza, nem a justiça ou misericórdia. Queremos nos dar bem. Valorizamos a esperteza e o ganho fácil. Não queremos perder tempo com a justiça ou a misericórdia, nem achamos que oferecer a "outra face" ou andar a "segunda milha" seja um bom negócio. Esse é o retrato do pecado da nossa chamada civilização cristã, ou pós-cristã como alguns a veem.

Como pastor, tenho observado que muitos irmãos e irmãs, às vezes famílias inteiras, depois de todos os livros lidos, todos os retiros e acampamentos dos quais participaram, cultos e sermões que ouviram, tornaram-se piores do que quando começaram. Tornaram-se mais parecidos com o mundo corrupto no qual vivem. A razão para isso é que não temos afirmado como Paulo: *Sede meus imitadores, como também eu sou imitador de Cristo.* Embora nossas convicções sejam cristãs, o caráter não é. É dessa contradição que o Diabo mais gosta. Parece que somos quando, na verdade, não somos. É o engano dessa aparência que nos mantém frágeis e vulneráveis ao mundo, à carne e ao Diabo.

8. A *IMAGO DEI* E O SIGNIFICADO DA COMUNHÃO

A compreensão da *Imago Dei* também nos ajuda a construir uma espiritualidade mais pessoal e comunitária. Ao dizer: *Sede meus imitadores...*, Paulo expõe sua vida. A natureza da fé e do ministério de Paulo são profundamente pessoais e comunitários. Ele não é o tipo de pensador que esconde a dinâmica da vida, ou do teólogo que se esconde atrás da academia ou do pregador que se esconde atrás do púlpito. A mente para Paulo não é um substituto para a vida ou para os relacionamentos.

A natureza pessoal da fé é, sem sombra de dúvida, a necessidade mais vital para o testemunho da igreja hoje. Para alguns a fé tem uma natureza quase exclusivamente intelectual, racional e teológica. É claro que crer, como diria John Stott, é também pensar. A fé cristã não é irracional. O problema é que para muitos cristãos ela não passa disso. Dedicam-se a estudar e buscar as razões que justificam suas convicções, mas quando você olha para eles talvez a única coisa que o impressione seja seu brilhantismo intelectual, nada mais. A forma como se relacionam com Deus e o próximo, a maneira como amam e expressam a compaixão, o jeito com que demonstram a misericórdia e a mansidão, sua fome e sede de justiça e a pureza do seu coração, sua experiência com a oração e as disciplinas espirituais, nada disso o impressiona. Suas convicções são bem fundamentadas, suas certezas são sólidas, seus argumentos claros, mas não caminham pelo mesmo caminho de Cristo, sua fé não é encarnada, sua espiritualidade é superficial e impessoal. São reflexos pálidos de sua vida acadêmica, mas não da pessoa real e viva de Cristo. É possível querer imitá-los em seu esforço acadêmico, mas não em seu caráter cristão.

Outros são até menos intelectuais, menos preocupados com os grandes temas teológicos, mais interessados na praticidade da fé do que na sua explicação. São pragmáticos e funcionais. No entanto, da mesma forma, quando você olha para eles vê que são apenas reflexos do seu ativismo e agitação religiosa. Trabalham muito, falam bastante, agitam-se o tempo todo, correm atrás de todas as experiências possíveis, participam de todas as reuniões, retiros e encontros, mas também não passam disso. A única coisa que vemos quando olhamos para eles é o cansaço de quem ainda não encontrou o que sempre buscou. Ou até obtém o sucesso de algum empreendimento religioso, mas não o caráter de Cristo.

Poderíamos também falar daqueles que correm atrás das "experiências" espirituais e buscam alguma forma de atender suas carências emocionais e afetivas. No entanto, o que encontramos em comum a todos esses modelos é uma tendência narcisista, própria da cultura do nosso tempo. O Dr. James Houston nos oferece um excelente quadro da cultura narcisista:

> O narcisismo, portanto, constitui um sintoma de uma cultura moribunda, na qual o ascetismo tradicional é substituído por uma cultura terapêutica indulgente e o tipo de personalidade que passa a dominar é a do homem autoindulgente, exibicionista, sensual e movido pelas aparências externas.[33]

A realidade para a mente narcisista é concebida em seu mundo fechado. Uma característica desse tipo de personalidade é sua pouca abertura e empatia para o outro, por isso,

---

33 Houston, "A liderança cristã e a tendência narcisista", in: Steuernagel e Barbosa (eds.), *Nova liderança*, p. 133.

muitos preferem se relacionar com ideias, projetos e sensações abstratas do que com pessoas. A impessoalidade torna-se a marca de uma cultura narcisista.

O Dr. James Houston segue, em sua análise sobre esse tipo de comportamento, afirmando:

> O narcisista é, por definição, um "ser mirrado", incapaz de relacionar-se e conhecer-se a si próprio. A tendência de nossa cultura de adotar uma identidade funcional, que define a pessoa pelo que ela faz e não pelos seus relacionamentos, gera em nós tendências reducionistas. Nossa cultura materialista faz o mesmo, ao transformar o dinheiro no elemento que controla nossos desejos e valores. Todas essas tendências servem para intensificar ainda mais o narcisismo.[34]

Ao declarar: *Sede meus imitadores, como também eu sou imitador de Cristo*, Paulo deixa claro que o chamado de Cristo é para viver as boas novas, que a fé é uma expressão viva de nossa comunhão com Cristo, que a obediência é a resposta alegre daquele que se vê unido a Cristo e que o Reino de Deus é uma realidade presente. Tudo isso encontra na comunidade seu lugar comum, é lá que a teologia e a doutrina são vividas.

As tensões sociais aumentam à mesma proporção que cresce a impessoalidade. O mundo se vê cada vez mais dividido e polarizado porque cada um o vê a partir de sua cosmovisão limitada e fechada. Por outro lado, a busca por resultados pragmáticos torna os cristãos e, particularmente os líderes religiosos, impessoais e transforma as igrejas em uma linha de produção de programas, curas e libertações, mas não de relacionamentos.

Ao declarar: *Sede meus imitadores, como também eu sou imitador de Cristo*, Paulo propõe outra via, que rejeita

---
34 Ibid, p. 135.

a impessoalidade do racionalismo, do pragmatismo e do subjetivismo. A via que Paulo propõe é a da fé pessoal e comunitária. O propósito primário da teologia e da doutrina cristã não é o de nos informar acerca de Deus, mas o de nos unir a Cristo. Ser cristão é ser moldado pela realidade objetiva da vida, morte e ressurreição de Cristo. A vida de Cristo é normativa e não apenas inspirativa. Ela nos oferece um caminho, e não um conjunto de regras ou uma instituição. O intelectualismo, pragmatismo, subjetivismo e legalismo surgem quando nossas verdades, moral, sentimentos, valores ou mesmo nossas impressões tornam-se mais importantes do que o dom da vida de Cristo a nós.

Dificilmente o liberalismo ou o fundamentalismo sobrevivem à dinâmica comunitária. As igrejas que abraçaram o liberalismo encolheram no número de seus membros por não oferecerem uma proposta que nasce da revelação, simplesmente porque não creem nela. Uma vez que não têm uma proposta redentora real, vão se transformando em um pequeno clube de poucos interesses comuns. Os fundamentalistas até que conseguem manter o crescimento de sua membresia, mas precisam dos instrumentos de manipulação e controle para sustentar suas estruturas. Esses instrumentos contribuem para a formação de comunidades adoecidas, legalistas e que gozam de pouca ou nenhuma liberdade.

A vida comunitária requer uma fé pessoal (não individual). Isso só é possível na proporção em que cada um responde ao chamado de Cristo para segui-lo em obediência e renúncia. Quando Jesus nos chama para "negar" a nós mesmos e "tomar nossa cruz", e a "renunciar tudo o que temos", ele aponta o caminho para sermos seu povo, sua igreja, sua família, seu corpo. Esse é o caminho da autodoação que Jesus trilhou primeiro ao se dar a nós quando disse: *"Isto é o meu corpo, que é dado por vocês... Este cálice é a nova aliança no meu sangue derramado por vocês"* (Lc 22.19s). Esse é o caminho que forma a comunidade.

Há ainda outra forma de abstração dos relacionamentos, além dos "ismos" já mencionados, que é a revolução tecnológica. Os recursos tecnológicos, aliados ao espírito narcisista da cultura, intensificam a falsa realidade. As redes sociais criam uma comunidade virtual na qual a informação ou mesmo a fofoca, e não a pessoa, define sua forma de relacionamento. A necessidade de exposição das ideias, do corpo, das emoções e dos relacionamentos em um espaço virtual aumenta o senso de importância e valor que cada indivíduo acredita que tem.

Com os novos recursos tecnológicos, a ilusão torna-se a nova realidade. A sensação de poder desenvolve uma visão grandiosa de possibilidades. Com essa visão, começamos a negar a realidade. Talvez seja essa a razão pela qual muitos acham que o sexo pode substituir o amor. O sucesso possibilita a visibilidade e o reconhecimento social, mas quanto maior a visibilidade e o reconhecimento, tanto mais dependentes nos tornamos de adulação e admiração, e não de amigos. Quanto mais bem-sucedidos nós nos tornamos do ponto de vista de nossas realizações, tanto mais distantes ficamos de nosso ser verdadeiro. A segurança conquistada pelo poder diminui a capacidade de confiar nos outros. Muitos hoje não querem assumir nenhum tipo de relacionamento de longa duração, seja com um cônjuge ou mesmo com filhos. O ideal é a figura mítica do famoso James Bond, o 007 criado pelo escritor Ian Fleming: um homem rico, solitário, sem família, cercado de lindas mulheres, viajando pelo mundo inteiro, inteligente, charmoso, eternamente jovem e imortal.

Ao afirmar: *Sede meus imitadores, como também eu sou imitador de Cristo*, Paulo reconhece a dimensão comunitária do chamado de Cristo. Fomos chamados para participar da vida de Cristo na comunhão com seu povo. É por isso que, para João, o "discípulo amado", o amor a Deus e o amor ao próximo fazem parte de uma mesma realidade. Um não existe sem o outro. Sabemos que o amor de Deus permanece em nós porque amamos o próximo.

A fé bíblica envolve convicção e confiança, e uma não sobrevive sem a outra. Convicção sem confiança é um intelectualismo frio e impessoal. Confiança sem convicção é uma forma de superstição, um tipo de crença fundamentada no medo e na culpa. Este binômio: convicção e confiança — fornece o material necessário para a dinâmica pessoal da fé.

Tiago propõe um pequeno teste aos seus leitores: *Mostre-me essa sua fé sem as obras, e eu, com as obras, lhe mostrarei a minha fé* (Tg 2.18). Para ele, não havia uma distinção entre o que creio e o que faço. Não existe uma fé que seja apenas intelectual, dogmática, teológica. A fé é viva. Não cremos primariamente em um conjunto de dogmas, mas em uma pessoa. Não somos chamados para seguir uma instituição com seus projetos, mas uma pessoa no caminho da obediência missionária. Não somos convidados para ser membros de uma igreja, mas para ser discípulos de Cristo. Uma fé cristã que não expressa a vida de Cristo é irreal, morta.

Tiago não está preocupado em levantar um debate sobre o que é mais importante: a fé ou as obras, mas em mostrar que é impossível crer em Cristo e segui-lo e, ao mesmo tempo, permanecer apático, indiferente, discutindo dogmas e defendendo postulados teológicos sem a demonstração do seu poder em transformar a vida.

Para Jesus, não havia distinção alguma entre o que falo e o que sou. Quando ele afirma que a "boca fala do que está cheio o coração", ou que "uma árvore boa não pode produzir frutos ruins" ele deixa claro que a fé é viva e integral. Não se trata de ideias, normas ou padrões religiosos, mas de conversão. É por isso que, no mesmo texto no qual Jesus fala da "árvore boa e dos frutos bons", ele afirma que seremos salvos ou condenados pelas nossas palavras. Pode parecer que Jesus estabelece uma nova forma ou um novo critério de juízo, mas o que ele afirma é simples e categórico: nossas palavras revelam o que somos, e não apenas um conjunto de crenças ou dogmas desconectados da vida. Pela mesma razão, o salmista afirma: "quanto amo a tua lei!" Porque, para ele, amar os mandamentos de Deus é amar o Deus que os revela. Não é possível amar Deus e não amar sua Palavra, como também não é possível amar a Palavra e não amar Deus — *"Aquele que tem os meus mandamentos e os guarda, esse é o que me ama..."* (Jo 14.21). Deus e a Palavra de Deus são uma coisa só. Deus e os mandamentos de Deus são a mesma coisa. Cristo e o seu corpo estão interligados, não há como confessar Cristo como Senhor e negar seu povo e a comunidade da fé. A partir do momento em que procuramos desconectar uma coisa da outra, comprometemos a relevância da verdade e a pessoalidade da fé. Paulo procura integrar o que fala com o que é, o discurso com o coração, a fé com as obras, o amor a Deus e o amor ao próximo, a convicção com a confiança. Essa atitude dá a ele não apenas a autoridade pastoral, mas também uma nova liberdade para viver comunitariamente.

Ele se oferece à igreja como uma "carta viva", uma epístola encarnada. O que ele fala não é distinto daquilo que ele vive. Paulo não é o tipo de pensador ou filósofo para quem o que é e o que diz não precisam ser, necessariamente, a mesma coisa. Não é o tipo de teólogo ou pastor que esconde sua pessoa atrás dos seus diplomas ou projetos. Encontramos muitos professores de teologia que não suportam a comunidade, preferem viver na impessoalidade da academia do que entrar e participar da dinâmica de relacionamentos pessoais da igreja. Muitos pastores abusam de sua autoridade apenas para não se expor aos outros. Sabem muito da vida alheia, mas nunca revelam aquilo que são. São profetas que desvendam os mistérios, segredos e pecados dos outros, mas nunca há uma profecia sobre seus próprios pecados e segredos.

A cultura tecnológica nos aliena da vida comunitária. As ferramentas tecnológicas possibilitam resultados mais rápidos e eficientes. Relacionamentos nunca são rápidos, muito menos eficientes. Eles apenas existem porque a vida, a vida real, necessita deles. A eficiência não cria a comunidade, pessoas em relacionamento dinâmico criam a comunidade.

Paulo abre sua vida à comunhão e aos afetos. O apelo que ele faz aos coríntios é comovente: *Ó coríntios, temos falado com toda a franqueza e estamos de coração aberto para vocês. Nosso afeto por vocês não tem limites; vocês é que estão limitados em seu afeto por nós. Ora, como justa retribuição — falo a vocês como a filhos — peço que também vocês abram o seu coração para nós* (2Co 6.11-13). Paulo doou-se a eles, estendeu seu coração, abriu-se para a comunhão, mas não encontrou reciprocidade. Grande parte do sofrimento de Paulo foi em virtude da resistência das igrejas em acolhê-lo e amá-lo da forma como ele os acolheu e amou. Esse é o sofrimento de muitos pastores sinceros e honestos com suas comunidades, aqueles que não estão lá para explorar, mas para doar. Estes sofrem porque não se veem compreendidos, amados, da mesma forma como buscam compreender e amar.

A espiritualidade pessoal não é diferente da comunitária. Uma pertence à outra. O que somos intimamente também somos publicamente. A verdade que proclamamos não é apenas proposicional, mas relacional. O que somos diante de Deus nós procuramos ser também diante dos homens. O convite de Paulo para imitá-lo é um convite para a comunhão, para andar junto, conhecer e ser conhecido, para seguir em direção a Cristo, amadurecer, amar, perdoar, crescer. É assim que Paulo entende a dinâmica da fé, a experiência com Deus, o significado da teologia, a importância da sã doutrina. Para ele, tudo isso desemboca em uma vida mais humana, mais verdadeira, transparente, pessoal e relacional.

Fomos criados por Deus à sua imagem e semelhança. É por causa dessa doutrina que Agostinho, o grande teólogo do Ocidente, enfatizou a necessidade de "duplo conhecimento", o conhecimento de Deus e o conhecimento de nós. "Permita-me, ó Deus, conhecer a ti, permita-me conhecer a mim, isto é tudo". Para ele, conhecer Deus implica conhecer-se. O conhecimento de Deus não é uma categoria teológica, mas pessoal e afetiva. Jesus, ao responder ao grande questionamento dos fariseus e saduceus sobre qual seria o maior de todos os mandamentos, respondeu: "*Ame o Senhor, seu Deus, de todo o seu coração, de toda a sua alma, com todas as suas forças e todo o seu entendimento*", este é o grande mandamento, e o segundo, semelhante ao primeiro é: "*Ame o seu próximo como você ama a si mesmo*" (Lc 10.27). Conhecer Deus e amar Deus é a mesma coisa. Conhecer é relacionar-se. Conhecer é amar. O problema é que, para nós, cristãos modernos, racionalistas, conhecer significa ter o domínio da ciência, das informações, e não necessariamente amar.

Ao dizer: *Sede meus imitadores...*, Paulo convida seus irmãos e irmãs para uma comunhão na qual a experiência da fé é construída dentro da dinâmica dos relacionamentos da família de Deus. O chamado de Deus a Abraão foi para "abençoar todas as famílias da terra". Essa foi a missão que Deus confiou a Israel. No entanto, ao fazer de Deus um refém do seu nacionalismo idolátrico, Israel se perde na sua vocação.

Jesus vem cumprir o propósito de Deus revelado e confiado a Abraão. Quando conclui sua tarefa, chama os seus discípulos e declara:

"Toda a autoridade me foi dada no céu e na terra. Portanto, vão e façam discípulos de todas as nações, batizando-os em nome do Pai, do Filho e do Espírito Santo, ensinando-os a guardar todas as coisas que tenho ordenado a vocês. E eis que estou com vocês todos os dias até o fim dos tempos" (Mt 28.18-20).

Poucos dias depois, envia o seu Espírito Santo e confia à igreja essa tarefa.

Imagino que, uma das razões para incluir no Credo Apostólico a crença na igreja, ao lado da confissão das verdades fundamentais da fé como: "Creio em Deus Pai...; em Jesus Cristo...; na ressurreição do corpo...; na vida eterna...; na santa igreja...;" é porque é impossível viver a dinâmica da fé fora da comunhão do corpo. Crer em Deus implica crer na igreja de Jesus. Portanto, ao dizer: *Sede meus imitadores...*, Paulo não está se colocando acima dos outros, nem pretende ser melhor, mais santo ou mais espiritual que seus irmãos, ele apenas reconhece diante de quem se encontra e ao lado de quem deseja caminhar.

O convite de Paulo revela um alvo, Cristo, e revela um caminho, a comunhão sincera e pessoal. Provavelmente, a resistência de muitos em dizer: *Sede meus imitadores...* é porque temos medo de nos expor. Talvez a razão desse medo seja porque, no fundo, sabemos que não é Cristo a quem imitamos, e não queremos revelar as ambições que se escondem sob a máscara da religião. Insistimos em afirmar que religião é coisa privada, cada um tem suas convicções e crenças, seus valores e princípios e que, nesse assunto, ninguém deve se meter na vida alheia. Falamos muito dos programas, discutimos projetos, debatemos temas teológicos, mas quando entramos na dinâmica pessoal da fé, procuramos nos esquivar.

Para Paulo, não há nada mais público do que a fé pessoal, nada que interesse mais aos outros do que participar daquilo que creio e do caminho que sigo, não há nada que comprometa mais a vida de uma família, igreja, sociedade ou nação do que a fé de cada um. Imitar Cristo no caminho do discipulado, por ser a experiência mais humana e libertadora que vivemos, é também a experiência que mais nos estimula a atrair tantos quantos desejam provar da graça redentora e salvadora de Cristo. Paulo deseja dividir essa graça, compartilhar as grandes e profundas transformações que tem experimentado, repartir a liberdade para a qual foi conquistado por Cristo Jesus.

9. A CENTRALIDADE DE CRISTO

Ao concluir seu convite com a declaração: ...*como também eu sou imitador de Cristo*, Paulo afirma que o propósito da espiritualidade cristã é Cristo e nossa conformidade com ele. Fala-se muito em espiritualidade. Muitos cristãos buscam algum tipo de intimidade com Deus. Estão mais preocupados com a oração, meditação e contemplação, adoração, com o mundo interior ou o "eu" interior. Muitos livros sobre cura interior e autoconhecimento enchem as prateleiras das livrarias. O interesse pelos clássicos da espiritualidade medieval cresce a cada dia, a necessidade de silêncio e quietude vem incorporando agendas que antes viviam cheias de agitação e barulho.

Esse interesse não é privilégio apenas dos cristãos, vemos também um movimento no mundo corporativo reconhecendo a importância da "espiritualidade" dos seus executivos e funcionários, promovendo seminários e retiros nos quais o autoconhecimento e as práticas de meditação tomam o lugar da agenda produtiva e estressante do dia a dia das grandes empresas. Vemos também o novo interesse ecológico, que vai além da preocupação com a preservação do meio ambiente, incorporando um novo modelo panteísta de culto à natureza.

Todo esse interesse, além de revelar uma lacuna na alma da cristandade, revela também o espírito do nosso tempo. Não há dúvida de que grande parte das novas preocupações é bem recebida. São sinais de que alguma coisa está faltando e que o racionalismo do mundo ocidental não foi capaz de suprir, de que há uma frustração universal do espírito humano, que continua clamando por significado.

Por outro lado, há uma crise na espiritualidade cristã contemporânea. O que vemos por aí são pastores, crentes e obreiros ávidos por modelos de crescimento de igrejas, autoajuda ou modismos na adoração. São fórmulas que procuram atender às novas demandas dos tempos modernos, mas quando olhamos para as igrejas, líderes e crentes de um modo geral, não vemos a presença de Cristo. O que vemos são crentes entusiasmados com o louvor, líderes empenhados em dar visibilidade aos seus projetos e ministérios, igrejas que se transformam em uma espécie de "grife religiosa", dando certo "status" para aqueles que as frequentam, ou aqueles que usam o Evangelho para sustentar sua ideologia política. Reconheço que há também muita coisa interessante e bonita acontecendo, muita iniciativa nobre de missão, muitas igrejas com projetos relevantes e muitos crentes com uma espiritualidade bíblica e saudável, mas o que me preocupa é uma presença cada vez mais "opaca" de Cristo em grande parte do cenário cristão contemporâneo — não vemos quase nada que reflita sua glória e que nos leve a amá-lo e a querer ser como ele. É raro encontrar alguém que nos inspire a uma vida de fé com a mesma renúncia, amor, entrega, sacrifício e paixão que encontramos em Cristo.

O jornalista e escritor inglês Malcolm Muggeridge, um cético que teve uma experiência profunda de conversão a Cristo, influenciada pelo testemunho de Madre Tereza de Calcutá, disse o seguinte sobre ela: "Para mim, Madre Tereza encarna o amor cristão em ação. Sua face brilha com o amor de Cristo, no qual toda sua vida é centrada, e suas palavras carregam essa mensagem a um mundo que nunca necessitou dela tanto como necessita hoje".[35] Quantos de nós temos encarnado o amor de Cristo em nossas ações? Em quantos de

---

35 Muggeridge, Malcolm. *Something Beautiful for God*. (São Francisco: HarperOne, 1971): 4ª capa.

nós brilham o amor e a graça de Jesus, em torno do qual toda a vida é centrada? Quantos pastores, profissionais liberais, funcionários públicos ou privados cristãos refletem a beleza do amor e do caráter de Cristo em seu ambiente profissional?

A doutrina da *Imago Dei* nos ajuda a preservar a centralidade de Cristo em nossa experiência espiritual pessoal e comunitária. O propósito da espiritualidade cristã não é "sentir-se bem", buscar alguma forma de ajuste psicológico ou participar de alguma terapia que nos ajude a conhecer nosso "eu interior". Não se trata de viver "experiências espirituais" ocasionalmente, nem mesmo de ter um profundo conhecimento da teologia e das ciências religiosas. Como já afirmei, o propósito da espiritualidade bíblica e cristã é o nosso crescimento em Cristo e nossa conformidade com ele. O propósito da oração, das Escrituras Sagradas, dos sacramentos, da comunhão dos santos, da adoração, da vocação e da missão é o de nos tornar mais semelhantes a Cristo.

No entanto, nossa tendência mais comum é transformar o meio em um fim, invertemos os polos. A oração, por exemplo, não é um fim, apenas um meio. O fim é Cristo e nossa comunhão com ele, mas quando transformamos a oração em um fim em si mesma, somos levados a criar as fórmulas, regras, mecanismos de avaliação de uma boa e eficiente oração. No entanto, o que importa na oração é a comunhão com Deus e a nossa transformação em Cristo. Frequentemente, somos levados a inverter o meio com o fim.

O "grande mandamento" é amar Deus e amar o próximo, mas o que temos feito é usar Deus e o próximo para atingir o grande objetivo final que sou eu, meus projetos, minhas fantasias, minhas ambições e desejos. O objetivo do "grande mandamento" não é Deus e o próximo, mas meus planos e desejos. O sentido da adoração não é a exaltação de Deus e a proclamação da sua glória como expressão da minha obediência e serviço, mas me sentir bem, mais leve e tranquilo. Meditamos na Bíblia não para sermos transformados por Cristo pela renovação da mente, mas para preparar sermão, estudo bíblico ou argumentos para as discussões religiosas. Vamos à igreja não com um espírito reverente de quem deseja ouvir Deus e expressar nossa gratidão a ele na comunhão de outros irmãos, mas como quem vai a um clube ou a uma feira em busca de novidades ou bens para consumir. Certamente não há nada errado em ler a Bíblia para preparar um sermão, precisamos fazer isso, mas a razão primeira não deveria ser esta, mas Cristo. Como disse Paulo:

> ... ser achado nele, não tendo justiça própria, que procede da lei, mas aquela que é mediante a fé em Cristo, a justiça que procede de Deus, baseada na fé. O que eu quero é conhecer Cristo e o poder da sua ressurreição... (Fp 3.9s).

Há um tempo, li uma história que ilustra isso bem. Ela fala de um velho professor aposentado que recebeu um grupo de ex-alunos, todos bem colocados no mercado de trabalho e, após poucos minutos, a conversa já girava em torno das atividades profissionais de cada um, desempenho, carreira, etc. Enquanto os ex-alunos conversavam, o velho professor serviu café com bolo, e colocou sobre a mesa xícaras de diferentes formatos e valor. Algumas eram de porcelana, outras de vidro e outras de plástico, e notou que os alunos escolheram primeiro as mais caras e sofisticadas. Então ele comentou sua observação com eles dizendo que era natural se comportar assim, afinal queremos sempre o melhor, mas que eles não deveriam jamais se esquecer de que o importante era o café e não a xícara.

Quando ouvi essa história lembrei-me de Paulo, quando falou sobre o "tesouro em vasos de barro". Para ele, o importante era o tesouro contido no vaso e não o vaso que guardava o tesouro. Hoje, porém, mais do que em qualquer outra época da história, a aparência, a estética, a xícara ou o vaso é o que mais importa; o café ou o tesouro que nos foi confiado é o que menos importa. Esse é o grande dilema que o cristianismo enfrenta hoje.

Ao afirmar: *Sede meus imitadores...*, Paulo rompe com essa preocupação com a forma. É o tesouro contido no vaso que importa. Para ele, nenhuma atenção deveria ser dada ao vaso, por isso, ele o descreve como "vaso de barro", sem valor, sem atrativos, sem glamour. Lembro-me da primeira vez que li o livro *O Apóstolo dos Pés Sangrentos*[36], do Rev. Boanerges Ribeiro, que conta a história da conversão de um sadhu[37] indiano a Cristo. Sua experiência com Cristo foi tão profunda que se tornou uma dessas criaturas cuja vida espelhava e refletia o amor e a serenidade do Salvador. Certa vez ele estava no Tibete e, depois de falar para uma pequena multidão, visitou uma senhora cuja filha estava enferma. Orou pela menina e foi embora. No dia seguinte correu a notícia de que a menina estava curada, completamente sã, e isso atraiu uma grande multidão de pais trazendo os filhos enfermos para que ele orasse por eles e os curasse. Assustado com a súbita notoriedade, ele deixou a cidade porque não queria que ninguém o buscasse por causa de um milagre, mas por causa de Cristo. Imagino que, se fosse hoje, certamente muitos de nós usaríamos o milagre como trampolim para a notoriedade, vitrine para o sucesso. O vaso, para muitos, é mais importante do que o tesouro que ele guarda.

No entanto, uma vez que o tesouro é o que importa, e não o vaso, que sua preocupação é com a imitação de Cristo e não com a visibilidade e sucesso do seu ministério, Paulo mantém o foco tanto de sua vida quanto de seu ministério em Cristo. Como já afirmei, o contexto de 1 Coríntios 11.1

---

36 Ribeiro, Boanerges. *O apóstolo dos pés sangrentos*. (Rio de Janeiro: CPAD, 1995)
37 Asceta ou monge andarilho que renuncia a todos os seus bens e mora em cavernas, na floresta ou em templos com foco na busca e prática espiritual. (N. de Revisão)

fala de idolatria. É uma carta escrita para uma igreja na qual Paulo adverte os irmãos sobre os riscos e perigos da idolatria. Para a grande maioria dos evangélicos, idolatria não representa um pecado com o qual devam se preocupar. Os evangélicos não se consideram idólatras. Todavia, para Paulo, a idolatria nesse contexto não significa simplesmente curvar-se diante de alguma imagem ou divindade e adorá--la, mas em não refletir a imagem de Cristo e, se não reflito a imagem de Cristo, sou idólatra, minha vida e caráter refletem outro deus, outra imagem, um ídolo qualquer, seja ele um simples vaso ou mesmo o terrível Mamom.

A doutrina da *Imago Dei* nos liberta de toda forma de idolatria, de tudo aquilo que se coloca entre nós e Cristo. Ela nos traz de volta para o coração da experiência espiritual. Para Paulo, a verdadeira experiência espiritual não consiste em realizar grandes coisas, ter um ministério bem-sucedido, sentir-se bem, provar sensações ou emoções arrebatadoras, mas em ser convertido e transformado por Cristo, *esquecendo-me das coisas que ficam para trás e avançando para as que estão diante de mim, prossigo para o alvo, para o prêmio da soberana vocação de Deus em Cristo Jesus* (Fp 3.13s), em chegar *à unidade da fé e do pleno conhecimento do Filho de Deus, ao estado de pessoa madura, à medida da estatura da plenitude de Cristo...* (Ef 4.13).

O que importa é Cristo. Quando confessamos Cristo, morremos para mundo, para as coisas terrenas, somos feitos "novas criaturas", deixamos para trás as coisas velhas, abandonamos as futilidades mundanas, as ambições mesquinhas, as preocupações rasteiras. Nossos olhos contemplam agora outra realidade, desejamos aquilo que pertence a Cristo e ao seu Reino. Nossos desejos e anseios são agora determinados pelo céu, pelo grande amor de Deus por nós e pelo nosso desejo de estar com ele. Somos o que somos nele e para ele.

Em seu livro *Joyful Exiles*, Dr. James Houston, comentando a "vida oculta", diz: "é somente em Cristo que a nova vida dada a nós pode nos refazer e nos transformar em sua imagem. Somente na sua morte e na novidade de vida é que podemos recebê-la. É somente nesta interioridade escondida que o nosso ser renasce".[38] É Paulo quem também afirma: *Porque para mim o viver é Cristo, e o morrer é lucro* (Fp 1.21) e, por causa da centralidade de Cristo, ele diz: *não sou eu quem vive, mas Cristo vive em mim* (Gl 2.20). São declarações que afirmam a riqueza do tesouro que é "Cristo em nós, a esperança da glória".

Necessitamos definir nossa humanidade pela forma como o próprio Deus a revelou na vida verdadeiramente humana de seu Filho Unigênito, pois

> ... ao tornar-se homem, ele (Cristo) esvaziou-se em sua humildade, vivendo em perfeita obediência e dependência do Pai. Ele saiu da pobreza de uma manjedoura, para viver trinta anos numa vida escondida em uma oficina de carpintaria. Permitiu que seus últimos três anos de vida pública fossem mal compreendidos. Recusou ser o messias da proposta nacionalista. Ele foi um anti-herói.[39]

A tentação de Jesus, logo após seu batismo no Jordão, define a forma como ele iria exercer seu ministério. Em vez de optar pelo espetáculo sensacionalista ou mesmo pela via do poder político, Jesus escolhe o caminho da humildade e da submissão. Ele é o Messias que escolhe lavar os pés dos seus discípulos. Convida todos os cansados e sobrecarregados a aprenderem com sua mansidão e humildade. Ele propõe aos seus discípulos um caminho inverso ao da cultura em que viviam, em que os maiores seriam os menores, e os menores, maiores. Onde os últimos seriam os primeiros,

---

38 Houston, James M. *Joyful Exiles: Life in Christ on the Dangerous Edge of Things.* (Downers Grove: IVP Books, 2006): 35.
39 Ibid., p. 32.

e os primeiros, os últimos. Um caminho no qual, para viver, era preciso morrer, para ganhar, seria preciso renunciar, e para segui-lo seria necessário tomar, cada um, a sua cruz.

O problema para muitos cristãos modernos é que, quando Jesus diz que aqueles que permanecem nele darão muitos frutos, imaginam os resultados pragmáticos do ministério: igreja cheia, dinheiro sobrando, projetos bem-sucedidos, música de primeira, tecnologia de ponta e por aí vai. Não é disso que Jesus está falando, ele está falando dele e de nós, da vida dele e da nossa, da videira e dos ramos. Quando Paulo nos fala dos "frutos do Espírito" em Gálatas 5, está falando da mesma coisa. Ele termina a lista dos "frutos do Espírito" e afirma: *E os que são de Cristo Jesus crucificaram a carne, com as suas paixões e os seus desejos. Se vivemos no Espírito, andemos também no Espírito* (Gl 5.24s).

Infelizmente, grande parte da espiritualidade que vemos hoje em dia nos cristãos tem pouco a ver com Cristo e a vida dele em nós. O que vemos são líderes narcisistas ocupados em vender suas visões, projetos e ambições pessoais; pastores preocupados com o crescimento da igreja e o sucesso ministerial; profissionais secularizados obstinados pela carreira e pelo reconhecimento; jovens cristãos com a alma vendida ao consumo e o corpo à sensualidade. O que vemos hoje nem de longe reflete a glória e a beleza do Jesus de Nazaré, sua humanidade perfeita, sua vida autodoada, sua obediência voluntária e amorosa, seu amor sacrificial, sua compaixão pelos fracos, sua humildade e mansidão, sua firmeza e coragem.

Paulo diz:

> *Mas, se o nosso evangelho está encoberto, é para os que se perdem que ele está encoberto, nos quais o deus deste mundo cegou o entendimento dos descrentes, para que não lhes resplandeça a luz do evangelho da glória de Cristo, o qual é a imagem de Deus. Porque não pregamos a nós mesmos, mas a*

Jesus Cristo como Senhor e a nós mesmos como servos de vocês, por causa de Jesus. Porque Deus, que disse: "Das trevas resplandeça a luz", ele mesmo resplandeceu em nosso coração, para iluminação do conhecimento da glória de Deus na face de Jesus Cristo (2Co 4.3-6).

Esse texto nos apresenta duas grandes verdades: a natureza humana, cega e impedida de contemplar a luz do Evangelho da glória de Cristo, e a humanidade de Cristo como reflexo da presença gloriosa de Deus.

Ao ser criado à "imagem e semelhança" de Deus, de acordo com a narrativa de Gênesis, entendemos que essa imagem não pode ser compreendida sem a humanidade perfeita revelada na pessoa de Cristo. Ele é o "segundo Adão", que veio para restaurar a imagem corrompida pela desobediência do "primeiro Adão". Para a antropologia cristã é de fundamental importância reconhecer que, em Cristo, a natureza humana nos é revelada em sua forma original e perfeita.

Assim como Adão foi criado por Deus e representa a raça humana na primeira criação, Cristo é enviado por Deus para inaugurar uma nova criação. O "primeiro Adão" desobedeceu e pecou. O "segundo Adão" foi obediente até a morte e morte de cruz. Com sua morte e ressurreição abriu-se diante de nós um mundo novo, um novo reino foi estabelecido entre nós, a nova criação de Deus começou, vivemos o novo céu e a nova terra. A partir de Cristo, todo aquele que crê nele que o reconhece como Salvador e que o segue no caminho do discipulado experimenta uma recriação, somos novas criaturas em Cristo.

Cristo, nosso "segundo Adão", vem e encontra o ser humano mergulhado nas profundezas do pecado herdado do "primeiro Adão". Ele nos vê como as "ovelhas perdidas" e nos busca para o seu aprisco, conduzindo-nos pelo caminho que ele mesmo trilhou em sua humanidade perfeita. Ele nos vê como o "filho pródigo", buscando junto aos porcos uma forma de sobrevivência e nos chama de volta, recebe-nos em seu amor e nos reconhece como filhos e filhas amados. Estamos em nosso caminho de volta ao Éden — Paraíso, ao nosso habitat natural, pois, como disse Agostinho: "nossa alma não encontra repouso enquanto não descansar nele".

Conclusão

A humanidade sofre por ter perdido seu significado. Ela anda por sua breve existência tateando, perdida, à procura de um caminho, uma luz, um sentido. A cegueira da humanidade é causada pelo "deus desta era", que faz com que achemos que o significado da vida está no dinheiro, sucesso, sexo, consumo, poder, de forma que, ao sermos seduzidos por esses deuses, tornamo-nos incapazes de contemplar a "luz do evangelho da glória de Cristo". A glória que contemplamos é o sucesso dos ambiciosos, mas não a humanidade gloriosa de Jesus.

Basta olhar a quantidade de livros de autoajuda propondo dar algum sentido à vida moderna e confusa, para perceber o estado de alienação da alma humana. O convite para o autoconhecimento permanece como um apelo motivado pela necessidade de promover uma forma de unidade em um ser fragmentado. "Os filósofos do iluminismo conceberam a pessoa humana não como um ser estático, uma alma contemplativa do ideal medieval, mas como um ser incansável, um transformador descontente do mundo".[40] No iluminismo o significado da pessoa foi vinculado à sua estrutura racional. O "penso, logo existo" de Descartes produziu uma relação mecanicista de causa e efeito. Por outro lado, encontramos na psicologia moderna o ser como único agente de sua própria realização. O indivíduo assume o papel de ser o árbitro dos valores e do

---

40 Grenz, Stanley. Artigo publicado em: Lints,Richard; Horton, Michael S. e Talbot, Mark R. (eds.), *Personal Identity in Theological Perspective*. (Grand Rapids: Willian B. Eerdmans Publishing Company, 2006): 73.

próprio significado. Contudo, permanece fragmentado por não se reconhecer como criatura diante do Criador que nos criou à sua imagem e semelhança.

Quando ouvimos que Deus é majestoso, que seu nome é exaltado acima dos céus, que sua glória é maior que toda a imaginação, que sua beleza é inefável e seu trono cobre toda a terra, ficamos assombrados diante de sua grandeza e nossa finitude. No entanto, quando compreendemos que fomos criados à sua imagem e semelhança, reconhecemos que Deus imprimiu em nós sua própria natureza como um artista imprime a sua em sua obra de arte. Deus deliberadamente ao nos criar, disse: "façamos o homem...". O ser humano participa de uma realidade espiritual que transcende o mundo das coisas, que dá a ele uma qualidade única, que lhe permite criar comunidades, relacionamentos, em que a memória escreve a história, faz escolhas sóbrias e imprime sua arte e criatividade em tudo o que faz, tornando sua existência uma expressão do amor e poder do Criador.

Por ser criado à imagem de Deus, o ser humano permanece como um mistério. O Deus que nos criou é inefável, encontra-se para além de nossa compreensão. O profeta afirma que "os pensamentos de Deus não são os nossos pensamentos, e que os caminhos de Deus não são os nossos caminhos" (cf. Is 55.8). Nem nós somos capazes de conhecer nossos próprios pensamentos, porque existe algo no ser humano que transcende a razão.

Ao falar sobre o lugar da memória na experiência espiritual, Agostinho escreve:

> O poder da memória é algo que assusta. Isto é a alma, isto sou eu. Que sou? Que natureza sou? Sou vida intensamente variada e multiforme e imensa. Tanta é a força da memória, tanta é a riqueza da vida do homem, embora mortal, que se pode correr pelos seus campos e antros e incontáveis cavernas e se pode

discorrer por todas as coisas, voar de uma a outras, aprofundar quanto se possa e, apesar de tudo, não encontrar o seu termo em lugar algum.[41]

É por causa desse mistério que o anseio humano por Deus permanece. Não é a razão, nem mesmo a busca pela autorrealização que irão preencher o anseio humano porque, nesse mistério insondável da vida, o Criador permanece como a razão primeira e última da existência. Agostinho, em suas *Confissões*, descreve com rara beleza esse anseio humano:

> Tarde te amei, Beleza tão antiga e tão nova, tarde te amei! Tu estavas dentro de mim e eu te buscava fora de mim. Como um animal, lançava-me sobre as coisas belas que tu criaste. Tu estavas comigo, mas eu não estava contigo. Mantinham-me atado, longe de ti, essas coisas que, se não fossem sustentadas por ti, deixariam de ser. Chamaste-me, gritavas-me, rompeste a minha surdez. Brilhaste e resplandeceste diante de mim, e expulsaste dos meus olhos a cegueira. Exalaste o teu Espírito e aspirei o seu perfume, e desejei-te. Saboreei-te, e agora tenho fome e sede de ti. Tocaste-me, e abrasei-me na tua paz.[42]

A existência humana é sempre uma busca por Deus. O mistério que envolve o ser humano é que ele carrega consigo a imagem de Deus.

Para Paulo, era natural afirmar: *Sede meus imitadores, como também eu sou imitador de Cristo*. Ele sabia que, em Cristo, "habita toda plenitude de Deus"; que ele era o "segundo Adão" que veio para restaurar a imagem corrompida do primeiro; que ele era o "varão perfeito", a "imagem exata do ser de Deus". Paulo o descreve assim:

> *Ele é a imagem do Deus invisível, o primogênito de toda a criação. Pois nele foram criadas todas as coisas, nos céus e sobre a terra, as visíveis e as invisíveis, sejam tronos, sejam soberanias,*

---

41 Agostinho, *As Confissões*, p.184-185.
42 Ibid, p.191.

quer principados, quer potestades. Tudo foi criado por meio dele e para ele. Ele é antes de todas as coisas. Nele tudo subsiste. Ele é a cabeça do corpo, que é a igreja. Ele é o princípio, o primogênito dentre os mortos, para ter a primazia em todas as coisas. Porque Deus achou por bem que, nele, residisse toda a plenitude e que, havendo feito a paz pelo sangue da sua cruz, por meio dele, reconciliasse consigo mesmo todas as coisas, quer sobre a terra, quer nos céus. (Cl 1.15-20)

Ao afirmar: *Sede meus imitadores, como também eu sou imitador de Cristo*, não encontramos em Paulo sinal algum de arrogância, nenhum apelo para que imitássemos seu estilo, seu jeito, suas estratégias; não vemos nele sinal de superioridade, apenas a certeza de quem Cristo era, o amor com o qual ele foi cativado e unido a ele, sua beleza e sublimidade, sua humanidade real. O que ele afirmou é que era Cristo e nenhum outro, nem mesmo seus próprios interesses ou projetos, que ele decidiu seguir e imitar. Paulo tinha a certeza de que sua vida redimida não tinha outra finalidade senão a de refletir a glória de Cristo, seus sofrimentos, sua alegria e seus propósitos. A segurança e serenidade de que podia se expor, ser verdadeiro, pessoal, humano, afetuoso e simples em seus relacionamentos era fruto dessa convicção e entrega. Seu ministério e sua vida permaneceram escondidos em Cristo porque, por meio dele, ele havia morrido para o mundo e o mundo para ele.

Talvez a dificuldade que muitos encontram em fazer essa afirmação é que temos desenvolvido uma espiritualidade impessoal, abstrata, subjetiva, ou racional, funcional, acadêmica, burocrática e institucional. Muitos estão atrás de experiências espirituais, programas religiosos, informação, espaço social, mas não de Cristo. Falam dele, cantam sobre ele, declaram amor a ele, empolgam-se com ele, mas não o imitam, não se sentem atraídos por sua beleza e por sua humanidade real.

Muitos cristãos hoje são apenas um pálido reflexo de uma subcultura religiosa que os cerca, apenas isso. Sei que muitos têm boa formação teológica e doutrinária, bons princípios morais e éticos, conduta exemplar. Outros escorregam um pouco na teologia e doutrina, não são tão leais aos princípios éticos e morais, mas são bem-intencionados e se realizam como cristãos por participar ativamente de suas igrejas. Entretanto, diante da declaração de Paulo, entendemos que o chamado de Cristo tem um caráter absolutamente pessoal. Não somos chamados apenas para crer em verdades bíblicas, embora isso seja indispensável. Não fomos chamados simplesmente para ter princípios morais e éticos corretos, embora isso seja também fundamental. Fomos chamados para seguir uma pessoa, Jesus Cristo, e a imitar sua humanidade verdadeira.

Ao declarar: *Sede meus imitadores, como também eu sou imitador de Cristo*, assumimos que é Cristo que seguimos e é ele que amamos. Isso acontece dentro das igrejas, nas relações familiares e profissionais. Não é uma declaração alienada e nem pode ser espiritualizada, é apenas a consciência de que buscamos caminhar em direção a Cristo e provar, na comunhão com ele, sua vida e humanidade. É isso que esse convite significa, negar o caminho do mundo, fazer escolhas que são incompreensíveis e escandalosas aos olhos de uma humanidade que busca sua autorrealização. É a negação da grande tentação de querer ser "como Deus" ou nosso próprio deus. Ao fazer essa declaração como Paulo fez, com confiança, coragem e sinceridade, permaneceremos em nosso anseio de prosseguir em direção a Cristo e ser como ele, ser imagem e semelhança de Deus. Foi para isso que fomos criados, em Cristo encontramos a glória da criação.

CENTRO CRISTÃO DE ESTUDOS

O pastor Ricardo Barbosa é o fundador e presidente do **Centro Cristão de Estudos** (CCE), instituição sediada em Brasília, DF.

O CCE tem como objetivo a formação devocional, bíblica e teológica para discípulos de Jesus que atuam "fora da igreja". A proposta é a integração da mente e coração, a articulação da fé, trabalho e cultura. Nesta direção, atua em três frentes principais.

O **Projeto Emaús** tem como objetivo a formação espiritual e a prática das disciplinas espirituais em grupo, através de participação de retiros e leituras ao longo de dois anos.

O **Vocatio** tem como proposta o fornecimento de bases para articulação da fé no espaço público, promovendo um discipulado integrado com fé e trabalho.

Além do Emaús e Vocatio, o CCE promove **cursos livres**, com temas diversos, tanto em aspectos da formação espiritual quanto no desenvolvimento da fé pública.

VOCATIO
Integrando fé, trabalho e cultura

EMAÚS
Seguindo Jesus no caminho

Para maiores informações:

@centrocristaodeestudos (Redes Sociais)
secretaria@centrocristaodeestudos.com.br
www.centrocristaodeestudos.com.br
www.projetovocatio.com.br

RICARDO BARBOSA DE SOUSA

Conversas no caminho

Conversas no caminho lança o desafio de buscarmos uma espiritualidade que nasce em Deus, se firma nas Sagradas Escrituras e no testemunho de alguns pais da igreja, e toma forma na vida cotidiana.

Nos textos reunidos neste livro, Ricardo Barbosa nos apresenta a natureza da vida cristã a partir das experiências mais comuns da vida, muitas vezes inspirado na sua vivência como pastor.

O autor consegue se inspirar no legado deixado por alguns santos da história da igreja que nos convidam a um relacionamento pessoal com Deus, aprendendo com a amizade entre Deus Pai, Filho e Espírito Santo.

Você vai notar que a imersão do autor na cultura contemporânea propõe uma espiritualidade vivida em todas as esferas da vida pós-moderna.

RICARDO BARBOSA DE SOUSA

JANELAS PARA A VIDA
RESGATANDO A ESPIRITUALIDADE DO COTIDIANO

Janelas para a vida é uma contribuição inestimável para quem quer se lançar na suprema aventura humana de conhecer Deus, ser conhecido por ele, conhecer a si mesmo e o seu próximo. É um livro que, ao lado das Escrituras, é para ser lido meditativamente, com calma, recolhidamente. É para os peregrinos e caminhantes que procuram sinais da presença amorosa de Deus entre os homens e se dispõem a segui-los com simplicidade, integridade e paixão.

Com a erudição de um teólogo bem informado e a sensibilidade de um poeta, Ricardo Barbosa deixa-se levar confiadamente pela Palavra e pelo Espírito para ser transformado e alcançar o desejo último do fiel: um encontro com o Pai, mediado pelo Filho, na inspiração do Espírito. O autor discorre dobre este tema com a autoridade de quem primeiro viveu aquilo que escreveu.

Osmar Ludovico da Silva

RICARDO BARBOSA DE SOUSA

O **CAMINHO DO CORAÇÃO**
O **SENTIDO DA ESPIRITUALIDADE CRISTÃ**

O Caminho do Coração tornou-se um clássico e também um guia precioso para a redescoberta da espiritualidade cristã na igreja brasileira.

O encontro pessoal com Deus e o cultivo da nossa relação com ele é, ao mesmo tempo, o assunto mais simples e também o mais profundo e misterioso da espiritualidade cristã. Sabemos muito sobre religião, teologia, missão, ética, louvor, mas nossa experiência com Deus é pobre.

Como evitar a superficialidade da vida interior e recuperar a essência do Evangelho? Como resgatar a profundidade de relacionamentos amorosos e duradouros com Deus e com os irmãos? São essas algumas das questões sobre as quais o pastor Ricardo Barbosa se debruça e, com clareza e sabedoria bíblica, caminha ao lado do leitor por estradas seguras.

RICARDO BARBOSA DE SOUSA
VALDIR R. STEUERNAGEL (EDS.)

NOVA LIDERANÇA
PARADIGMAS DE LIDERANÇA EM TEMPO DE CRISE

Este livro é uma proposta de agenda de discussão para refletirmos sobre os novos paradigmas da liderança na época em que vivemos.

Isso implica conhecer o tempo e suas crises, bem como conhecer a natureza da igreja e do líder para essa igreja. Queremos olhar para ambos.

Não espere encontrar neste livro fórmulas ou receitas. Não é este o seu propósito. Talvez ele vá levantar mais perguntas do que respostas. Se levarmos a sério as perguntas, os caminhos surgirão como expressão da graça divina.

Ricardo Barbosa e Valdir R. Steuernagel

JOSÉ CARLOS PEZINI

Oração
Quando o meu coração encontra o coração de Deus

Este livro não é produto de uma elaboração acadêmica, mas de uma profunda busca existencial que deseja descobrir a beleza e a profundidade da vida com Deus como resposta ao Deus que vem em nossa direção. Por isso o autor inicia este livro a partir de sua própria experiência biográfica. Sua busca pessoal, com erros e acertos, forma o ambiente fértil para compartilhar este tema, a oração. Assim, muitos irão se identificar com os sentimentos, experiências e atitudes relatados pelo autor em uma conexão singela como companheiros de caminhada. Sim, esta é a minha percepção: o autor nos convida para uma jornada que está trilhando já há muitas décadas, mas ainda se coloca como um aprendiz. Em sua angústia na busca de respostas para suas orações ele percebe que há muito mais para ser experimentado nesta dimensão da oração, porém não como uma "ferramenta religiosa", mas como descoberta de que a oração é um relacionamento de amizade com Deus. Nas palavras do autor, orar é "responder a um Deus amoroso e bondoso que diariamente vem ao meu encontro no romper da manhã, me dá as boas-vindas à vida e promete estar comigo".

Casso Mendonça Vieira

JOSÉ CARLOS PEZINI

EXCELÊNCIA MINISTERIAL
UMA REFLEXÃO SOBRE A RESPONSABILIDADE NO MINISTÉRIO PASTORAL

Este livro foi escrito com a convicção de que a excelência ministerial tanto honra a Deus, quanto atrai outros para se juntarem à mesma causa.

José Carlos Pezini tem demonstrado essa excelência em sua rica experiência de mais de 35 anos de ministério como pastor, líder e mentor.

Neste livro ele compartilha sem rodeios essa excelência ministerial de maneira muito prática na vida do líder cristão. Embora ele se dirija principalmente a pastores, a mensagem da excelência é para todos os que estão envolvidos no ministério. É preciso levá-la a sério ou então estaremos fadado à mediocridade.

O leitor precisa escolher entre essas duas possibilidades.

Rev. Dr. Frank Arnold

Sobre o livro:

Formato: 14 x 21 cm
Tipo e tamanho: Cambria 11/15
Papel: Capa - Cartão 250 g/m²
Miolo - Polen Soft LD 70 g/m²